ZHEJIANGSHENG

十一五

浙江省重点教材建设项目

大学生创业实践

丁继安　翁士增　李晓英　主编

ZHEJIANG UNIVERSITY PRESS
浙江大学出版社

图书在版编目(CIP)数据

大学生创业实践 / 丁继安，翁士增，李晓英主编.
—杭州：浙江大学出版社，2011.5
ISBN 978-7-308-08608-0

I. ①大… II. ①丁… ②翁… ③李… III. ①大学生—创造教育—教材 IV. ①G640

中国版本图书馆 CIP 数据核字(2011)第 067340 号

大学生创业实践
丁继安 翁士增 李晓英 主编

责任编辑 张颖琪
封面设计 刘依群
出版发行 浙江大学出版社
(杭州天目山路 148 号 邮政编码 310007)
(网址：http://www.zjupress.com)
排 版 杭州中大图文设计有限公司
印 刷 德清县第二印刷厂
开 本 710mm×1000mm 1/16
印 张 12.75
字 数 222 千
版 印 次 2011 年 5 月第 1 版 2011 年 5 月第 1 次印刷
书 号 ISBN 978-7-308-08608-0
定 价 28.00 元(含光盘)

目 录

第一篇 机会识别

第二篇 项目运作与管理

第三篇　公司治理

第四篇　案例篇

第五篇　实训篇

第一篇

机会识别

第一章　创业机会识别

本章提示

创业是围绕着机会进行识别、开发、利用的过程，创业机会的识别就是创业的起点。本章主要内容为创业的定义、创业机会的分析和企业赢利模式识别。如何正确识别创业机会是创业者应当具备的基本技能。

可以从多种角度考察创业机会，一般的创业机会识别焦点多集中在产品、市场上。本书所介绍的创业机会识别，以学校所在的城市、区域和本地区的企业为对象，从区域产业、市场、企业等三个方面展开分析，使同学们能够在一个比较完整的环境中来分析存在的创业机会。创业机会分析的方法主要用 PEST 分析模型和波特五力分析模型，通过分析模型进行产业、企业的市场调查。

教师首先要对创业机会识别进行教学，再安排调查实践。除了按照上述分析方法进行机会识别以外，教师也可以开发其他的分析方法，如按产业链、产品链等进行机会识别。

运用钻石模型、三产分类、波特分析工具，完成产业区域产业、市场、企业分析，写出调查分析报告。在此基础上，选择企业写出赢利模式分析报告。

创业是基于机会的市场驱动行为，而机会无处不在，无时不有。从这个角度来讲，创业是发现市场需求，寻找市场机会，通过投资经营，满足需求的活动。创业活动离不开机会，识别机会是创业者启动创业活动并创造价值的前提。

所谓创业，通常是指开创事业的活动，也就是开创前所未有的事业或积累财富的过程。进入 21 世纪以来，随着我国创新型社会建设步伐的加快，创业活动受到了社会各界的高度关注和支持。尤其是高校扩招以来，大学生创业活动越来越受到关注。国内外诸多学者也从不同角度给创业下了很多定义。莫里斯所做的创业研究把创业中的关键词进行了概括(见表 1-1)。

表 1-1 创业定义中包含的关键词

	对于创业定义的不同理解	频数		对于创业定义的不同理解	频数
1	开始、创建、创造	41	10	价值创造	13
2	新事业、新企业	40	11	追求成长	12
3	创新、新产品、新市场	39	12	活动过程	12
4	追逐机会	31	13	已有企业	12
5	风险承担、风险管理、不确定性	25	14	首创活动、做事情、超前认知与行动	12
6	追逐利润、个人获利	25	15	创造变革	9
7	资源或生产方式的新组合	22	16	所有权	9
8	管理	22	17	责任、权威之源	8
9	统帅资源	18	18	战略形成	6

资料来源：Morris M., Lewis P., and Sexton D. Reconceptualizing Entrepreneurship: an Input-output Perspective [J]. *SAM Advanced Management Journal*, 1994, Winter (1): 21-23.

在诸多创业的定义中，哈佛商学院史蒂文森(Stevenson)教授对创业所下的定义最具有代表性。他认为，创业是在不拘泥于当前资源条件限制的情况下对机会的追寻，将不同的资源组合，以利用和开发机会并创造价值的过程。

对创业者来讲，不拘泥于当前的资源条件并不是不考虑当前的资源条件，而是指可供利用的资源很少，甚至没有。因此，创业，离不开创新，而创新与发明、研究开发等技术活动紧密相关。三者的关系如图 1-1 所示。

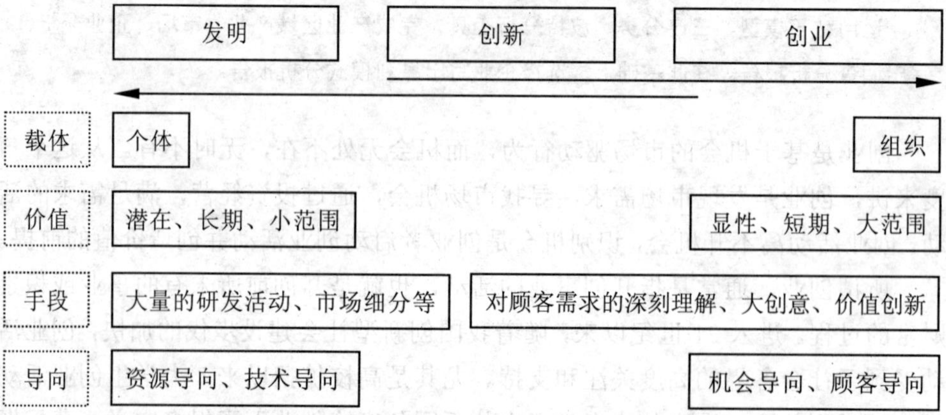

图 1-1 创业、创新、发明之间的关系

从三者的关系来看，创业并不等同于创新。创业可能涉及创新，也可能不涉及创新；创新可能涉及创业，也可能不涉及创业。创业的本质是创造。从不同角度来理解，创业有不同的内涵(见表 1-2)。

表 1-2　创业的本质

视　角	主要观点
财富的创造	创业包含了为了获得利润进行生产的风险承担。
企业的创造	创业体现了一项从前没有过的新企业创造。
创新的创造	创业包含了将已有生产方式或产品过时的资源进行独特组合。
变革的创造	创业包含了为了抓住环境中的机会而进行的创造性变革，包括对个人生涯、方法、技能等的调整、修正、修改等。
雇用的创造	创业包含了对生产要素包括劳动力的雇用、管理和发展等。
价值的创造	创业是为了开发没有开启的市场机会，为顾客创造价值的过程。
增长的创造	创业被定义成为销售、收入、资产和雇用的增长，一种正向的、强烈的导向。

资料来源：同表 1-1 资料来源。

如今，创业已经被越来越多的人认可和接受。在创业过程中，为了更加有效地识别市场机会，准确地抓住和利用市场机会，创业者需要具备分析、发现、评价和利用市场机会的能力。要了解为什么要创造商品和服务的机会、什么时候以及如何存在？某些人(而不是其他人)是为什么、什么时候以及如何发现并开发这些机会的？创业者在开发创业机会的时候为什么、什么时候以及如何会有不同方式的行为？一般来说，创业要明确如下三个问题，即谁在创业？在哪里创业？创业效果如何？如图 1-2 所示。

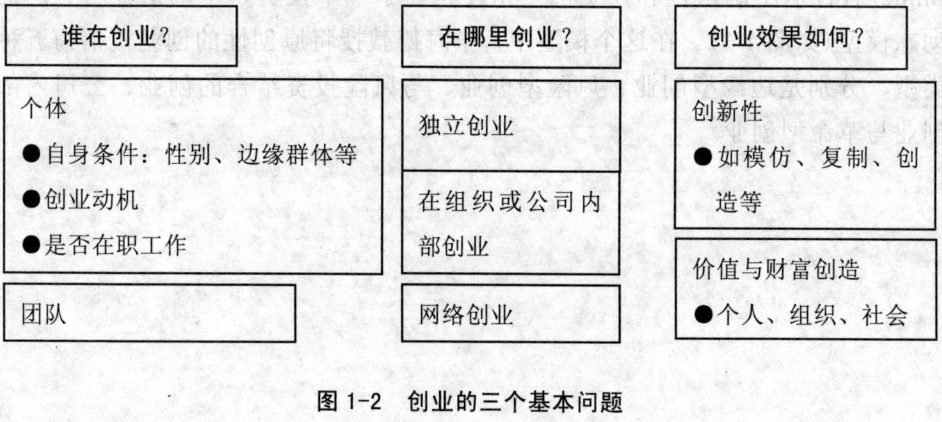

图 1-2　创业的三个基本问题

因此，一般来说，成功创业要遵循八大步骤：

【步骤一】从三百六十行中选择你的最爱

【步骤二】持续自我成长与学习

多接触各种信息与资源管道；

多看看创业者的自传、创业丛书、商业杂志等。

【步骤三】谨慎选取你的品牌或企业名称

最佳的品牌或企业名称是要能够充分反映你的产品或服务与众不同的特色及单一性。

【步骤四】决定企业的合法组织与法律架构

【步骤五】评估一份具体的预算报告

经营一项有利润的新事业必须有充分的流动资金，并且要与实际经营运作时所需的开销相平衡，因此，草拟一份年度预算表是必要且马虎不得的。

【步骤六】选对地址，事半功倍

可以说，好的选址等于成功了一半。

【步骤七】筹集充足的创业资金

信心满满的创业者别忘了在企业正式运营前，一定得先把资金筹集充足。

【步骤八】完成公司登记及了解各种相关法律条文

在开始营业之前，必须了解所有与商业法规相关的条文规定、执照或许可证申请的细节与表格。

对大学生创业来讲，往往是在资源匮乏的情况下开展创业活动的，因此，创业活动的初始条件对于分析大学生创业活动的特点、预测创业活动的规律及演变规律具有重要意义。2000 年，芝加哥大学阿玛尔·毕海德(Amar V. Bhide)教授从不确定性和投资两个角度构建了一个投资、不确定性与利润的动态模型(如图 1-3)。在这个模型中，毕海德教授将原创性的创业概括为五种类型，分别是边缘型创业、风险型创业、与风险投资结合的创业、公司内部创业与革命型创业。

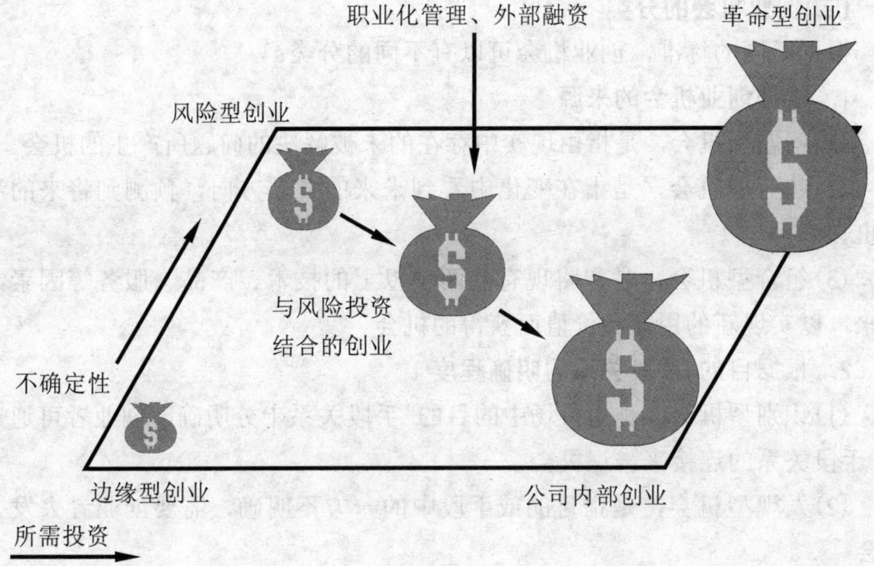

注：钱袋的大小＝潜在的利润

资料来源：阿玛尔·毕海德. 新企业的起源与演进[M]. 北京：中国人民大学出版社，2004.

图 1-3　投资—不确定性—利润模型

任务一：创业机会分析

(一)创业机会的定义

在现实生活中，看到机会并不难，但要识别有价值的机会并不容易。创业者启动创业活动并创造价值的前提就是要识别机会。这里所指的创业机会是指未明确的市场需求或未充分使用的资源或能力。因此，创业机会可定义为：

(1)创业机会是可以为购买者或使用者创造或增加价值的产品或服务，它具有吸引力、持久性和适时性。

(2)创业机会是可以引入新产品、新服务、新原材料和新组织方式，并能以高于成本价出售的情况。

(3)创业机会是一种新的“目的-手段”关系，它能为经济活动引入新产品、新服务、新原材料、新市场或新组织方式。

(二)创业机会的分类

根据不同的标准，创业机会可以有不同的分类：

1. 根据创业机会的来源

(1)问题型机会，是指由现实中存在的未被解决的问题所产生的机会。

(2)趋势型机会，是指在变化中看到未来的发展方向，预测到将来的潜力和机会。

(3)组合型机会，是指将现有的两项以上的技术、产品、服务等因素组合起来，以实现新的用途和价值而获得的机会。

2. 根据目的-手段关系的明确程度

(1)识别型机会，是指市场中的目的-手段关系十分明确，创业者可通过目的-手段关系的连接来辨识机会。

(2)发现型机会，是指目的或手段中的一方不明确，需要创业者去发掘的机会。

(3)创造型机会，是指目的和手段都不明确，创业者需要比他人更具有先见之明，才能创造出有价值的机会。

(三)创业机会的分析方法

创业机会的分析方法很多，主要有PEST分析模型和波特五力分析模型。

1. PEST分析模型

PEST分析是指宏观环境的分析，不同行业和企业要根据自身特点和经营需要，对政治(Political)、经济(Economic)、社会(Social)和技术(Technological)这四类影响企业的外部环境因素进行分析。

PEST分析一般要从以下四个方面展开：

(1)政治法律环境分析。政治稳定性、税收政策、产业政策、法律限制等。

(2)经济环境分析。经济增长率、汇率、货币政策、GDP、恩格尔系数等。

(3)技术环境分析。技术变革速度、产品生命周期、技术保护、知识产权等。

(4)社会环境分析。人口数量与素质、地理环境、生活方式、价值观等。

2. 波特五力分析模型

五力分析模型是迈克尔·波特(Michael Porter)于20世纪80年代初提出的。主要用于分析客户的竞争环境，探寻创业的机会。

五力分析内容主要包括：供应商的议价能力、购买者的议价能力、新进入者的威胁、替代品的威胁、同业竞争者的竞争程度。如图1-4。

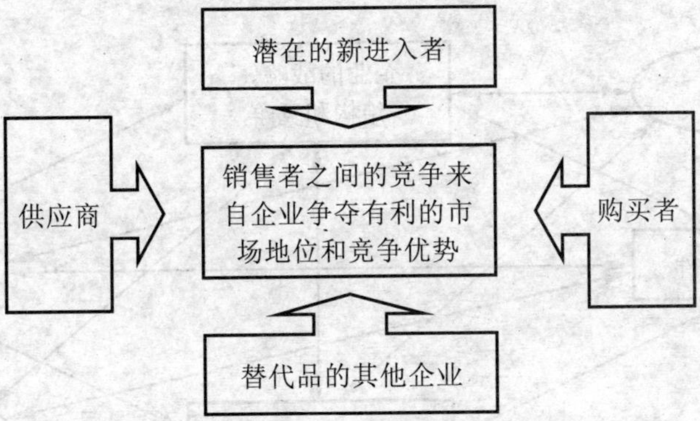

图 1-4 波特的五力分析模型

浙江省中小企业发达，区域经济特征明显，高职大学生的创业可以从创业机会的识别入手。创业机会的识别，可以从区域产业、区域市场、企业生产与服务环节等入手。

产业调查

20 世纪 80 年代以来，新的产业集聚原理对于经济发展的重大意义得到了国际上学界、商界和政界的空前重视。波特(1990)把产业集群定义为在某一特定领域内互相联系的、在地理位置上集中的公司和机构集合，它包括一批对竞争起着重要作用的、相互联系的产业和其他实体经常向下延伸至销售渠道和客户，并侧面扩展到辅助性产品的制造商，以及与技能技术或投入相关的产业公司，还包括专业化培训、教育、信息研究和技术支持的政府和其他机构。

“钻石模型”的构架主要由四个基本要素(要素条件，需求条件，相关及支撑产业，企业的战略、结构与竞争)和两个附加要素(机会和政府)组成(如图 1-5)。在波特看来，产业集群是集中在特定区域的、在业务上相互联系的一群企业和相关机构，包括提供零部件等上游的中间商，下游的渠道与顾客，提供互补产品的制造商，以及具有相关技能、技术或共同投入的属于其他产业的企业。此外，还包括提供专业化培训、教育、信息、研究与技术支持的政府或非政府机构，如大学、质量标准机构、思想库、短期培训机构，以及贸易协会。

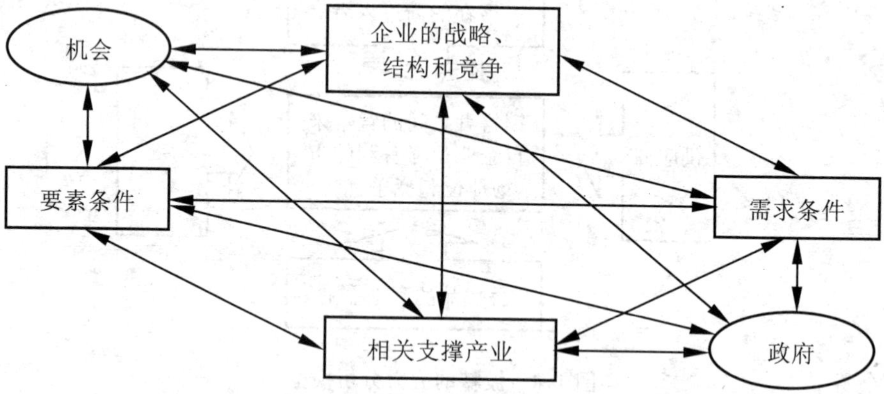

图 1-5 钻石模型

虽然“钻石模型”是用于产业群发展研究的，但是它为我们观察区域产业结构提供了基本思路，我们按照“钻石模型”来调查和分析一个区域产业，识别可能的创业领域。

实 例

我们以宁波水煮笋产业可持续发展现状与对策为例，分析产业群存在的创业机会。

1. 产业背景

宁波市有丰富的竹笋资源，主要分布在鄞州区、余姚、奉化、宁海等地，拥有竹林面积 6.67 万平方米，年产毛竹春笋约 10 万吨，涉及 21 个山区乡镇，13.6 万户农户，41 万余人口，是山区农村经济和农民收入的重要来源之一。全市现有水煮笋加工企业 50 余家，以毛竹春笋加工水煮笋为主，年均生产 162 万罐，其中出口外销 136 万罐，年创汇近 3 亿元。水煮笋产业的发展，不仅壮大了生产企业的经济实力，增加了竹农收入，而且给山区农村带来了可观的社会效益，使近 2 万个闲置劳力在旺季生产中得到就业，使竹农“卖笋难”得到缓解，还为国家提供了一定税收。但自 2005 年以来，宁波的水煮笋出口呈下滑趋势，不仅外销数量下降，外销价格也一路走低，使广大竹农和水煮笋加工企业的生产积极性严重受挫，在一定程度上制约了水煮笋产业的持续发展，也影响了山区经济的发展。因此，应积极采取相应对策，提高水煮笋产业竞争力，发挥该产业在社会主义新农村建设中的作用。针对以上情况笔者运用波特“钻石模型”理论对宁波水煮笋产业竞争力的要素进行了分析(见表 1-3)。

表 1-3 宁波水煮笋产业竞争力分析

	基本情况
生产要素	地理位置优越，竹笋资源丰富，素有中国竹笋之乡的生态条件得天独厚。毛竹春笋品质优异。每年春季，近 70%的毛竹笋被加工成水煮笋，主要出口到日本和东南亚国家。有较多渠道的资金来源。存在的问题是笋产品品种单一、出口产品加工深度和附加值低、水煮笋生产基础设施落后。
需求条件	从水煮笋市场情况看，国外需求总量基本稳定，国内需求逐渐增加。由于对“绿色食品”的追求，我国竹笋消费品种和消费量将继续扩大。但毛竹春笋除产区鲜食、深加工一部分真空小包装笋和直接食用的罐装笋外，大部分仍将被加工成水煮笋进行保管、运输、销售。
相关与支持性产业	水煮笋产业发展最主要的支持产业是毛竹笋生产，当地的笋资源完全可以支撑起水煮笋产业的发展。如进一步，还可考虑利用邻省的资源。水煮笋相关产业存在的明显不足是：一是竹笋深加工能力偏低，精加工产品比例一直停留在 30%—40%，毛竹春笋大部分加工成水煮笋，仍属原料性质，附加值较低，市场竞争力弱；二是缺少行业的专门营销机构，对外出口存在恶性竞争。
水煮笋生产经营者的经营战略、结构与竞争方式	宁波水煮笋生产企业规模普遍偏小，缺少龙头企业，生产工艺和产品质量难以保证。企业一般缺乏明确的战略目标，生产者既抓生产又抓销售，难于把握市场变化规律，往往根据上年度的市场态势决定本年度生产安排，而不是根据市场需求决定生产。各企业主要是在价格上展开竞争，品牌意识十分薄弱。
其他因素	加入 WTO 后，我国产品获得了更多的国际市场准入机会，市场也进一步开放，生产企业可以直接参与国际市场竞争，减少了中间环节，提高了企业效益。宁波各级政府非常重视林业产业的发展，对水煮笋产业给予了大力支持。

2. 创业机会分析

(1)开展贸易服务，如通过电子商务网店、外贸等进行产品销售。

(2)开发新的产品，如速冻笋、调味笋、调味食用菌、调味盐渍品等，满足消费者的喜爱，满足消费者对健康绿色食品的需求。

课外实践

运用上述方法，进行一项地方产业的调查，按产业背景分析、六个基本要素分析、创业机会分析，完成调查报告。

市场调查

市场调查也称市场调研，是指应用各种科学的调查方式、方法，收集、整理、分析市场资料，对市场状况进行反映或描述，以认识市场发展变化规律的过程。市场调查的内容很多，有市场环境调查，包括政策环境、经济环境、社会文化环境的调查；有市场基本状况的调查，包括市场规范、总体需求量、市场的动向、同行业的市场分布占有率等；有销售可能性调查，包括现有和潜在用户的人数及需求量、市场需求变化趋势、本企业竞争对手的产品在市场上的占有率、扩大销售的可能性和具体用途等；还可对消费者及消费需求、企业产品、产品价格、影响销售的社会和自然因素、销售渠道等开展调查。

市场调查的方法主要有：观察法、实验法、访问法和问卷法。

1. 观察法

观察法是社会调查和市场调查研究的最基本的方法。它是由调查人员根据调查研究的对象，利用眼睛、耳朵等感官以直接观察的方式对其进行考察并搜集资料。例如，市场调查人员到被访问者的销售场所去观察商品的品牌及包装情况。

2. 实验法

实验法是由调查人员根据调查的要求，用实验的方式，对调查的对象控制在特定的环境条件下，对其进行观察以获得相应的信息。控制对象可以是产品的价格、品质、包装等，在可控制的条件下观察市场现象，揭示在自然条件下不易发生的市场规律，这种方法主要用于市场销售实验和消费者使用实验。

3. 访问法

访问法是指通过口头交谈的方式，了解市场情况，获得相关市场信息的方法。访问法可以分为结构式访问、无结构式访问和集体访问。

结构式访问是事先设计好的、有一定结构的访问问卷的访问。调查人员要按照事先设计好的调查表或访问提纲进行访问，要以相同的提问方式和记录方式进行访问。提问的语气和态度也要尽可能地保持一致。

无结构式访问没有统一问卷，通过调查人员与被访问者的自由交谈进行访问。它可以根据调查的内容进行广泛的交流。如：对商品的价格进行交谈，了解被调查者对价格的看法。

集体访问是通过集体座谈的方式听取被访问者的想法，收集信息资料。可以分为专家集体访问和消费者集体访问。

4. 问卷法

问卷法是通过设计调查问卷，让被调查者填写调查表的方式获得所调查对象的信息。在调查中将要调查的问题设计成问卷，让被调查者将自己的意见或答案填入问卷中。在一般进行的实地调查中，问卷法的使用频率最高。

市场调查的基本步骤：

【步骤一】设立市场调查小组，确定市场调查内容。由校内指导老师、校外创业指导老师，共同确定项目小组市场调查内容。

【步骤二】收集二手资料。

(1)报纸、杂志与期刊；

(2)国内、国际行业协会出版物；

(3)各种会议资料；

(4)各种出版物(统计数字、年鉴等)；

(5)专业数据库；

(6)企业内部刊物与宣传资料。

【步骤三】调查第一手资料。访问有关政府主管部门、相关行业协会、公司销售人员与技术人员等；问卷调查生产厂家与终端用户。

【步骤四】核实来自各种信息源的信息。各种信息源之间相互核实；同相关产业专家与销售人员核实；同有关政府主管部门核实。

【步骤五】进行数据分析，并起草初步调查报告。

【步骤六】检查初步调查报告。与有关政府部门、行业协会专家及生产厂家的销售人员核实初步调查结果。

【步骤七】形成最终调查报告。该研究小组将来自各方的意见、建议及评价加以总结与提炼，完成市场调查报告。

【步骤八】开展答疑，并组织修正与完善。对用户提出的有关该报告的各种问题给予明确的解答，并为用户就有关该行业的各种专题进行深入调查。

本调查以某区域服务行业、企业的布局为目的，以分配性服务、生产性服务、消费性服务、社会服务分类为调查线索，以某社区、商圈、园区为对象，调查了解主要有什么企业在经营、主要开展什么业务，为开展创业项目调查提供线索。市场调查汇总表见表 1-4。

表 1-4　市场调查汇总表

服务经济	主要内部构成	主要企业和业务
分配性服务	交通运输、仓储和邮政快递	
	批发和零售	
生产性服务	金融	
	房地产	
	信息传输、计算机服务	
	租赁和商务服务	
消费性服务	住宿和餐饮	
	文化、体育和娱乐	
社会服务	教育	
	技术服务和地质勘探	
	水利、环境和公共设施管理	
	居民服务和其他服务	
	卫生、社会保障和社会福利	
	公共管理和社会组织	

实例一

产业园区、工业园区、专业市场往往有许多的服务企业。商业地产、物流、金融保险、商务服务、科技研发等生产性服务业都是重要的内容。

海宁市中小企业众多，产业集群特色鲜明。它们顺应企业总部、研发中心、销售中心等与加工基地空间分离的要求，加快培育壮大总部(楼宇)经济，重点发展企业总部、金融保险、商务服务、科技研发四大总部经济主体和贸易代理、企业办公、教育培训、创意设计、文化休闲五类楼宇经济类型。结合现已形成品牌的皮革、经编、家纺优势，以皮革城商务总部为核心，以马桥经编商务总部、许村家纺商务总部等为支撑，打造具有区域和全国影响力的专业性研发、会展、信息、创意和总部基地。借助和服务于皮革、经编、家纺、太阳能等优势产业，以综合运输网络和信息技术为依托，逐步建成与海宁市经济社会发展相适应的集商流、物流、信息流、资金流为一体的供应链体系，打造浙北地区具有专业特色优势的区域性物流配送基地。

通过海宁皮革研究院(浙江皮革工业研究中心)等一批创新平台的建设，同时,充分发挥靠近杭州下沙高教园区的科教区位优势和长安镇科教新城的建设，大力引进和培育科技人才，加大产学研结合力度，重点发展皮革制品设计、布艺设计、服装设计、机械制品设计和检测等产业，并积极加快海宁科创中心项目的建设。结合主辅分离实施，依托楼宇经济平台，积极推动信息咨询、法律服务、评估认证等行业的快速发展，提升商务服务业水平，形成与先进制造业的互动融合。调查情况见表 1-5。

表 1-5 区域产业企业调查情况表

	基本类型	企业情况
商务服务	中介服务、会展服务、工业房地产、商务房产	中介、商务地产、会展
物流服务	仓储、运输、采购	汽车运输等
科技服务	技术服务、产权交易、专利服务	科技服务企业、咨询服务
设计创意服务	建筑设计创意、咨询策划、文化传媒	广告企业、产品设计
职业培训 、	员工培训	培训、外贸代理
其他		

上述项目中，哪些类型的企业或项目适合高职大学生创业？

实例二

社区、园区等人口相对集中，居住、生活、休闲等需要许多的服务企业。在传统商业不断转型的过程中，消费也变得越来越丰富多彩。

台州市经济发展很快，城市居民收入和生活水平都有了显著提高。近年来，在满足了最基本的物质生存需求之后，居民的消费偏好和需求发生了重大变化，城市社区服务业得到了全面发展。从实物性消费向服务性消费转变，居民收入的提高带动了消费需求增长，家庭结构小型化加大了对社区服务的需求。健康食品、时尚服装、快捷交通、信息交流、娱乐、健身以及金融投资，成为当今新的“开门七件事”。银行营业部、彩票店、中介服务、电瓶租赁回收、洗衣店、餐饮店、便利店、中小超市、餐饮店、洗车店、茶室、健身房、网吧、文化用品店、婴儿服务、托儿所、老年人活动站等已经相当普遍。调查情况见表 1-6。

表 1-6 社区企业调查情况表

	服务内容	企业
投资性服务	理财、彩票	彩票
	房地产中介	中介、装修
	租赁、商务服务	中介、典当、复印、轻印刷
消费性服务	住宿、餐饮、日用品	便捷宾馆、超市、餐饮
	文化、娱乐、体育、健身	棋牌、健身、书屋
社会服务	教育	琴房
	居民服务和其他服务	家政服务
	卫生、社会保障和社会福利	社区卫生所、牙科医院

上述项目中，哪些类型的企业或项目适合高职大学生创业？

课外实践

结合学校所在城市，开展园区、专业市场调查，了解园区、专业市场主要有哪些经营企业，主要业务是什么，写出调研报告，为开展创业项目调查提供线索。

企业调查

企业调查，目的在于分析企业内各块业务的联系，能够找出相对独立产生利润的部门和项目。弄清组织内部的部门划分，以及各部门之间的物资流动关系与资金流动关系，并了解各部门(单位)之间的利润关系，分析是否具有独立产生利润的可能。

我们知道，在企业的各项活动中，并不是每个环节都创造价值，实际上只有某些特定的价值活动才能真正创造价值，这些真正创造价值的经营活动，就是价值链上的“战略环节”。企业要保持的竞争优势，实际上就是企业在价值链某些特定的战略环节上的优势。哈佛商学院迈克尔·波特教授的“价值链分析法”(如图 1-6)能有效地解决这个问题。所谓价值链分析法，就是把企业内外价值增加的活动分为基本活动和支持性活动，基本活动涉及企业生产、销售、进料后勤、发货后勤和售后服务。其中，支持性活动涉及人事、财务、计划、研究与开发、采购等。基本活动和支持性活动构成了企业的价值链。运用价值链的分析方法来确定企业的核心竞争力，就是要求企业密切关注组织的资源状态，尤其是要特别关注和培养在价值链的关键环节上获得重要的核心竞争力，以形成和巩固企业在行业内的竞争优势。

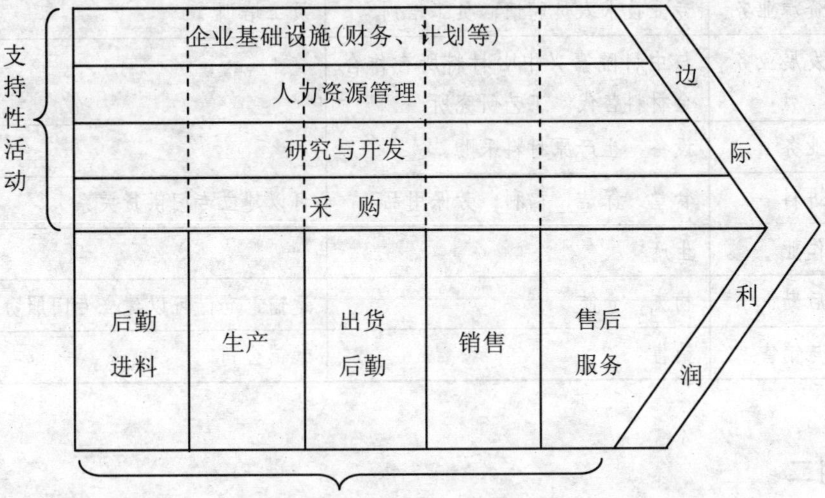

图 1-6　波特的价值链分析法

实例一

浙江伟海拉链有限公司专业开发、生产"伟海"和"WHH"品牌拉链、拉头及拉链材料，日产拉链400万条。公司先后荣获"中国驰名商标"、"国家免检产品"、"中国拉链十大知名品牌"、"浙江省著名商标"、"浙江名牌"、"浙江省知名商号"等荣誉称号，企业资信等级每年均被评为"AAA"级。公司引进韩国以及中国台湾等地多名技术专家和3000多台先进设备，生产的产品有尼龙拉链、注塑拉链、金属拉链、隐形拉链、编织拉链、双骨拉链、钻石拉链、工艺拉链及特殊拉链等，是全国品种、规格最齐全的拉链企业之一，成为国内众多服装、箱包厂家的指定拉链供应商。公司50%以上的产品出口，现在产品已出口到美国、英国、法国、俄罗斯、意大利、巴西、阿根廷、叙利亚、印度及中国香港和台湾等60多个国家和地区。凭借公司的规模和严格的管理制度，为客户提供高性价比的产品和服务。调查情况见表1-7。

表1-7　某特定企业调查情况表

	主要内容	能否形成独立赢利部门、项目
企业基本设施业务	主要是企业厂房；主厂区无三产类房产	电力、房屋维修、食堂、生活服务可以成为独立核算部门
人力资源业务	专业技术人员聘请；员工培训	员工培训
技术发展业务	与中科院嘉兴中心材料所合作合金材料替代；工艺研究所	
采购业务	设备、生产原材料采购	
后勤进料	食堂、保洁、福利、劳保用品	可以建立专门供货关系
生产作业	生产	
出货后勤	物流、仓储	运输、仓储可以建立专门服务关系
行销与销售	销售	营销公司

实例二

莱钢是一家大型钢铁联合企业，在组织结构上采用模拟分权制，以专业分工的形式设置了规划、财务、生产管理、原料采购、销售、机械动力、技术研发、人力资源管理等10个职能部门；而作为焦化、烧结、炼铁、炼钢、轧钢以及动力能源等密切相关的各生产阶段则设置分厂，分厂没有独立的外部市场，有自己的管理层和按企业内部转移价格核算的利润指标；在价值链上每个分厂的产品都是最终钢材产品的中间产品，是莱钢价值链上一个战略环节。按波特基本价值链模型分析，莱钢内部价值活动及其联系如图1-7所示。

	内部后勤	生产经营	外部后勤	市场营销	服务
	企业基础设施(总体管理、财务、会计、法律、质量管理、政府事务)				
人力资源管理	招聘	培训，开发	薪酬		
技术开发	自动化技术，信息技术	机械设计及维修，工艺技术、产品开发	信息系统开发	市场研究，信息系统开发	用户应用技术研究
采购	运输服务，物资供应	原材料、冶金备件，能源、机械设备	运输服务，物资供应	物资供应	
	原材料进货检验，冶金备件进货检验，交货、仓储、库存控制管理，动力能源供应，进货材料搬动，半成品搬运	长流程：以铁矿石、煤炭为原料的高炉-转炉-热轧，其中包含了高炉-烧结-焦炉还原、炼钢-精炼-还铸、再加热-热轧-成材；短流程：以废钢、电力为原料和能源的电路炼钢-精炼-连铸-热轧-成材	订单处理，生产调度，产成品搬运，产成品库存管理	促销，销售队伍，报价及定价，销售渠道，客户管理，新产品市场调研	质量异议处理

利润

图1-7　莱钢价值链示意图

课外实践

按照上述方法，对一个企业进行调查，分析什么业务相对独立并能产生利润，写出报告。

任务二：企业赢利模式识别

经过了区域产业、市场和企业调查后，我们对如何判断区域产业、市场需求和企业赢利的组成有了了解。在此基础上，教师和学生共同讨论，了解企业赢利的具体方式，识别能赢利的创业机会。

赢利模式是企业在市场竞争中逐步形成的企业特有的赖以赢利的商务结构及其对应的业务结构。任何企业都有自己的商务结构及其相应的业务结构，但并不是所有企业都赢利，因而并不是所有企业都有赢利模式。一般来说，企业的赢利模式有22种、36种两种分类方法。

以36种赢利模式(图1-8)为例，可分为：价值链模式4种，客户模式4种，渠道模式5种，资源模式4种，知识模式4种，巨型模式4种，组织模式4种，产品模式7种。

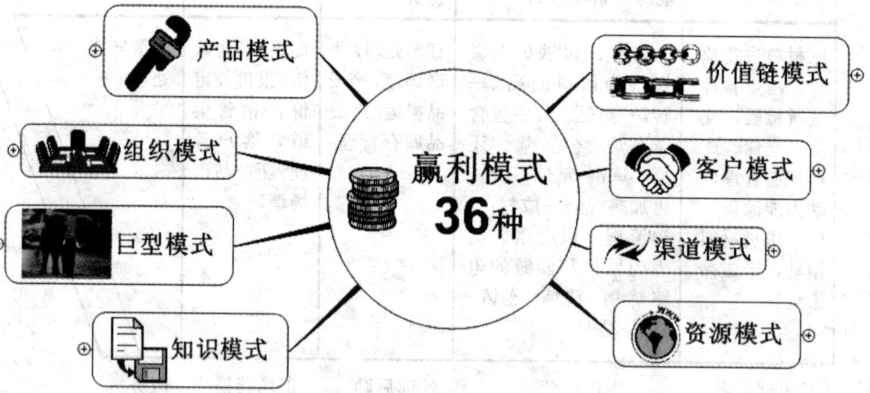

图1-8 赢利模式36种

下面简要介绍22种赢利模式中的17种：

1. 客户发掘模式/客户解决方案模式

选择客户并对客户群进行先期投资，了解客户如何购买和使用产品，然后寻求办法来帮助客户解决遇到的困难。这种模式日后维持客户关系的费用较低，而客户的忠诚率较高。留住客户是重要的利润驱动因素，发掘客户则决定了公司以后的赢利情况。

2. 产品金字塔模式

客户关于产品风格、颜色、价格的偏好是最重要的因素。根据客户收入和偏好的差别，建立一个产品的金字塔，在塔的底部，是低价位、大批量的产品；在塔的顶部，是高价位、小批量的产品。利润虽然集中在产品金字塔的顶部，但在塔底部建立的“防火墙”产品却具有阻止竞争者进入、保护公司在金字塔顶部产品的丰厚利润的作用。

3. 最优成分系统模式

对于很多企业来说，其生产和销售系统分成若干个子系统，每个子系统都具有完全不同的获利能力。在保持低利润区子系统充分竞争的前提下，尽量参与高利润区子系统的业务，将会使企业赢利水平迅速提升。见表 1-8。

表 1-8　最优成分系统模式

行　业	基本利润区	高利润区
包装饮料	食品店、超市	饭店、酒吧、自动售货机
影视制作	拷贝销售	融资、跟片广告业务
个人电脑	电脑整机	自选配件、附件
房地产	房产销售	房地产升值、融资
咖啡	食品店、超市	西餐厅、咖啡屋
轿车	新车销售	保险、保养服务、融资

4. 配电盘模式

在多个供货商与多个客户发生交易时，双方都要承担很高的交易成本。一种高价值的中介服务能为供货商和客户建立一种全方位的沟通渠道，降低了买卖双方的成本，并收取中介费用。参与交易的买家、卖家越多，通信成本和交易成本就越低，这个模式就越有价值。该模式广泛适用于百货流通业、展览业、旅行社、明星经纪等领域。

5. 速度模式

在经营中，速度十分重要。率先改革的优势将为创新者带来超常的回报。在其他企业开始效仿之前，产品的价格很高，利润丰厚，从而形成了一个利润区，但它只存在于一个较短的时间内。持续创新是企业保持继续留在利润区中的唯一方法。

6. 利润乘数模式

该模式是指从同一产品、特色、商标、能力或服务中，重复地收获利润。该模式对那些大量消费的产品是强有力的利润机器。一旦投资建立了一个品牌，公司可以将这一品牌赋予一系列的其他产品。例如腾讯 QQ，目前 QQ 注册用户已超过 1 亿，每天独立上线人数达到 1200 多万，独占中国在线即时通讯软件市场95%以上的份额，几乎覆盖所有中国网民。以经营礼品进出口业务起家的广州东利行公司，看准了“毛公仔”形象在商业领域拓展的前景，于2000年12月与QQ的所有者腾讯公司签署了为期7年的QQ形象有偿使用协议。

7. 创业家模式

那些创业中的企业与客户联系紧密，积极听取客户反馈；他们没有额外的金钱来支付不必要的费用，因而保持节俭。与客户的直接联系和极端的节俭这两种优势使得这些企业具有巨大的赢利能力。

8. 专业化利润模式

通过序列专业化的增长能够带来丰厚的利润，即采取有先有后的序列方式，对每一个服务对象都建立自己的技术专长和专家队伍，专家们再将这种技术专长依次传递到下一个业务领域。他们的每一个工程企业都是十分专业化的，而不是向所有客户提供所有的服务。

9. 基础产品模式

一种最有利可图的赢利模式是能够带来长期后续业务的基础产品模式。厂商首先推出一个可以扩展的基础产品，在以后的使用中，一直要与其后续产品搭配才能发挥功效。用户购买了基础产品后，不得不长期购买其后续产品。基础产品的销售额和利润可能都不高，但其后续产品的利润却是持续稳定且极具吸引力的。如表1-9。

表1-9 基础产品模式

基础产品	后续产品
电热灭蚊器	灭蚊片
剃须刀	剃须刀片
电梯	电梯维护业务
软件	软件升级
复印机、打印机	墨盒

10. 品牌模式

公司通过广告投资，扩大宣传，以增加公众对自己产品的了解、认同和信任。用户使用品牌公司产品和服务的经历业可以增强这种无形的品牌效应。当客户愿意为这样的产品和服务支付高价时，品牌效应便转化成有形的利润。

11. **独特产品模式**

独特产品指的是既具有非同一般的生产工艺、配方、原料、核心技术，又有长期市场需求的产品。鉴于该模式的独占性原则，拥有该产品的企业往往将获得更高的利润。比如祖传秘方、进入难度很大的新产品等。

12. **地区领先模式**

在许多行业，公司业务几乎完全是地区性的。地区领先可以降低后勤成本、广告费用、招收雇员的成本。该模式的方法是一个地区接一地区的“地毯式轰炸”，一个一个地建立自己的地区优势，以此增加赢利，而不仅仅是企业规模的扩大。这是一种有序的投资策略，可将其分支机构朝着地区领袖的方向转变。如温州商城等。

13. **售后利润模式**

在产品制造和交通运输等行业，企业并不是依靠销售产品或提供服务来获利，而是依靠产品的售后服务和融资来获利。当发现利润已经迁移时，企业不得不向下游去寻找新的利润来源。一家公司即使没有基础产品，也可以应用售后利润模式得到好处。如汽车 4S 店。

14. **新产品利润模式**

新产品的利润是新产品及其发展速度的函数。新的高利润产品推出后，发展将会很快，一旦产品成熟，利润就会下降。取胜的关键是时刻准备将投资转换到下一代主导产品(即最能恰当地满足客户当时最重要需求的产品)，并取得领导地位。

15. **原材料控制模式**

控制了行业必需的上游资源，企业既有了做大做强的可能，又在行业内占据了一览众山小的地位。拥有产成品定价的话语权，就能在保证自己高利润的同时，强有力地打击对手，并能团结相当一批同行联手开拓市场，成为行业“盟主”。如安吉竹制品，利用安吉县占全国毛竹 10%的自然资源优势，形成产业。

16. **低成本企业设计模式**

采用低成本企业设计来战胜过去的经验，从而使行业中现有对手的经验失去价值。面对采用低成本企业设计的供货商，重视常规方式和经验积累的供货商总是处于劣势。

17. **跟进尾随模式**

并不是所有行业领先企业都能获得丰厚的利润，它们为了培育市场、维持行业实力格局，需要付出比一般企业多得多的代价，而且还要时刻警惕众多后来者的诸多挑战。后劲十足的企业在较长一段时间内，可以紧随行业领头羊而行，这有利于节约成本，多快好省地壮大自身实力，并逐渐掌握领先者的优劣势，并在其劣势的区域赚取利润。如湖州织里童装市场，几十年来跟随品牌童装，在其基础上进行改进，生产大众化的童装，保持市场几十年的旺盛。

案例　阿里巴巴赢利模式分析

阿里巴巴作为中国电子商务界的一个神话，从 1998 年创业之初就开始了它的传奇发展。它在短短几年时间里累积了300万的企业会员，并且每天以6000多新用户的速度增加。不仅仅是搭上了其创始人马云的传奇神话，它的成功更是得力于其准确的市场定位，以及前瞻性的远见。阿里巴巴在电子商务萌芽阶段就商业化地切入，并且踏实地做着自己力所能及的事情。自己诚实守信并且在实际行动中致力于规范网上电子商务贸易。这一切在中国 21 世纪的前几年，这个中国电子商务迅速发展的阶段，成就了阿里巴巴今天的成绩。一个错误就可以造成一个失败，但一个成功必然是很多正确的原因带来的，下面我们就来简单分析一下阿里巴巴网站的运营模式、赢利点、成功之处以及目前和以后的发展战略。

阿里巴巴网站的目标是建立全球最大最活跃的网上贸易市场，它不同于早期互联网公司以技术为驱动的网络服务模式，它从一开始就有明确的商业模式。阿里巴巴具有明确的市场定位，在发展初期专做信息流，绕开物流，前瞻性地观望资金流并在恰当的时候介入支付环节。它的运营模式是循序渐进的过程，依据中国电子商务界的发展状况来准确定位网站。首先抓基础，然后在实施过程中不断捕捉新的获利机会。从最基础的替企业架设站点，到随之而来的网站推广以及对在线贸易资信的辅助服务，交易本身的订单管理，服务范围不断延伸。其出色的赢利模式符合赢利的强有力、可持续、可拓展的特点。

具体地说，阿里巴巴网站的运营模式主要有以下几个特点：

(1) 专做信息流，汇聚大量的市场供求信息。马云曾在2005年阿里巴巴在广交会期间主办的电子商务研讨会上，阐述了以下观点，即中国电子商务将经历三个阶段：信息流、资金流和物流阶段。目前还停留在信息流阶段。交易平台在技术上虽然不难，但没有人使用，企业对在线交易基本上还没有需求，因此做在线交易意义不大。这是阿里巴巴最大的特点，就是做今天能做到的事，循序渐进发展电子商务。

功能上，阿里巴巴在充分调研企业需求的基础上，将企业登录汇聚的信息整合分类，形成网站独具特色的栏目，使企业用户获得有效的信息和服务。阿里巴巴主要信息服务栏目包括：①商业机会，有27个行业700多个产品分类的商业机会供查阅，通常提供大约50万供求信息。②产品展示：按产品分类陈列展示阿里巴巴会员的各类图文并茂的产品信息库。③公司全库：公司网站大全，目前已经汇聚4万多家公司网页。用户可以通过搜索寻找贸易伙伴，了解公司详细资讯。会员也可以免费申请自己的公司加入到阿里巴巴"公司全库"中，并链接到公司全库的相关类目中，方便会员有机会了解公司全貌。④行业资讯：按行业分类发布最新动态信息，会员还可以分类订阅最新信息，直接通过电子邮件接收信息。⑤价格行情：按行业提供企业最新报价和市场价格动态信息。⑥以商会友：商人俱乐部。在这里会员交流行业见解，谈天说地。其中咖啡时间每天为会员提供新话题，如为会员分析如何做网上营销等。⑦商业服务：航运、外币转换、信用调查、保险、税务、贸易代理等咨询和服务。这些栏目为用户提供了充满现代商业气息、丰富实用的信息，构成了网上交易市场的主体。

(2) 阿里巴巴采用本土化的网站建设方式，针对不同国家采用当地的语言，简易可读，这种便利性和亲和力将各国市场有机地融为一体。阿里巴巴已经建立运作四个相互关联的网站，而且即将推出针对当地市场的欧洲语言网站和南美网站。这些网站相互链接，内容相互交融，为会员提供一个整合一体的国际贸易平台，汇集全球178个国家(地区)的商业信息和个性化的商人社区。

(3) 在起步阶段，网站放低会员准入门槛，以免费会员制吸引企业登录平台注册用户，从而汇聚商流，活跃市场，会员在浏览信息的同时也带来了源源不断的信息流和无限商机。截至2001年7月，阿里巴巴会员数目已达73万，分别来自202个国家和地区，每天登记成为阿里巴巴的商人会员超过1500名。阿里巴巴会员多数为中小企业，免费会员制是吸引中小企业的最主要因素。在市场竞争日趋复杂激烈的情况下，中小企业当然不肯错过这个成本低廉的机遇，利用网上市场来抓住企业商机。大大小小的企业活跃于网上市场，反过来为阿里巴巴带来了各类供需，壮大了网上交易平台。阿里巴巴每月页面浏览量超过4500万，信息库保存了买卖类商业机会信息达50万条，每天新增买卖信息超过3000条，每月有超过30万个询盘，平均每条买卖信息会得到四个反馈。

(4) 阿里巴巴通过增值服务为会员提供了优越的市场服务。增值服务一方面加强了这个网上交易市场的服务项目功能，另一方面又使网站能有多种方式实现直接赢利。尽管目前阿里巴巴不向会员收费，但据马云介绍，阿里巴巴网站目前是赢利的。阿里巴巴的赢利栏目主要是：中国供应商、委托设计公司网站、网上推广项目和诚信通。中国供应商通过 Alibaba 的交易信息平台，给中国的商家提供国际买家的特别询盘。客户可以委托阿里巴巴做一次性的投资建设公司网站，这个项目主要是 Alibaba 帮助企业建立拥有独立域名的网站，并且与 Alibaba 链接。网上推广项目，由邮件广告、旗帜广告、文字链接和模块广告组成。邮件广告指由网站每天向商人发送的最新商情特快邮件中插播商家的广告；文字链接将广告置于文字链接中；新推出的诚信通项目能帮助用户了解潜在客户的资信状况，找到真正的网上贸易伙伴；进行权威资信机构的认证，确认会员公司的合法性和联络人的业务身份，展示公司的证书和荣誉，用业务伙伴的好评作为公司实力的最好证明。

(5) 适度但比较成功的市场运作，比如福布斯评选，提升了阿里巴巴的品牌价值和融资能力。阿里巴巴与日本互联网投资公司软库 (Softbank) 结盟，请软库公司首席执行官、亚洲首富孙正义担任阿里巴巴的首席顾问，请世界贸易组织前任总干事、现任高盛国际集团主席兼总裁彼得·萨瑟兰担任阿里巴巴的特别顾问。通过各类成功的宣传运作，阿里巴巴多次被选为全球最佳 B2B 站点之一。2000 年 10 月，阿里巴巴荣获 21 世纪首届中国百佳品牌网站评选“最佳贸易网”。

对于高职大学生而言，不管是哪种赢利模式，只要结合企业实际了解常见的一些赢利模式即可。

课外实践

根据上述赢利模式，选择本区域内的农业、工业、服务业各一个企业，分析它们的赢利模式，写出报告。

第二篇

项目运作与管理

第二章 创业项目识别

本章提示

进行了行业、市场、企业的机会分析后，我们就要寻找这些企业中有什么适合高职大学生创业的领域或项目。创业项目的识别要采用多种分析手法，分析现有企业是如何进行运作和赢利的，从而为我们进行项目设计提供实践依据。

了解创业项目是不是有机会，需要从实践中获得正确的判断。本章重点指导学生采用观察法和访问调查法进行项目机会识别，运用 SWOT 分析方法对机会进行分析。最后用市场调研的分析方法，如行业分析、竞争者分析、特征分析等，通过理论归纳写出报告。本章特别强调，要求学生深入项目实践，通过具体的实践观察了解项目中存在的创业机会，通过对企业导师的访谈了解创业项目的市场情况。

教师要对如何进行创业项目机会识别进行教学，组织创业团队下企业观察。进企业实践调研时，需要采用灵活的方式。

完成创业项目识别、创业项目评价报告。

SWOT 分析法

SWOT 分析法是一个众所周知的自我诊断方法。利用这种方法可以从中找出对自己有利的、值得发扬的因素，避开对自己不利的东西，发现存在的问题，找出解决办法，并明确以后的发展方向。

SWOT 分析法主要从以下几个方面展开。

1. SWOT 模型含义

SWOT 分析，包括分析项目的优势(Strength)、劣势(Weakness)、机会(Opportunity)和威胁(Threats)。优、劣势分析主要着眼于创业者自身的实力及其与竞争对手的比较，而机会和威胁分析主要将注意力放在外部环境的变化及对创业者的可能影响上。在分析时，应把所有的内部因素(即优、劣势)集中在一起，然后用外部的力量对这些因素进行评估。见表2-1。

表2-1 SWOT矩阵

	优势(S)	劣势(W)
机会(O)	SO战略(增长性战略)	WO战略(扭转型战略)
威胁(T)	ST战略(多种经营战略)	WT战略(防御型战略)

2. SWOT分析的步骤

(1)罗列企业的优势和劣势，可能的机会与威胁。

(2)优势、劣势与机会、威胁相组合，形成SO、ST、WO、WT策略。

(3)对SO、ST、WO、WT策略进行甄别和选择，确定企业目前应该采取的具体战略与策略。

3. SWOT分析的主要内容

(1)竞争优势(S)。主要指标有：技术技能优势、有形资产优势、无形资产优势、人力资源优势、组织体系优势和竞争能力优势。

(2)竞争劣势(W)。主要指标有：缺乏具有竞争力的技能技术，缺乏有竞争力的有形资产、无形资产、人力资源、组织资产，关键领域里的竞争能力正在丧失。

(3)潜在机会(O)。主要指标有：客户群的扩大趋势或产品细分市场；技能技术向新产品新业务转移，为更大客户群服务；前向或后向整合；市场进入壁垒降低；获得购并竞争对手的能力；市场需求增长强劲，可快速扩张；出现向其他地理区域扩张，扩大市场份额的机会。

(4)外部威胁(T)。主要指标有：出现将进入市场的强大的新竞争对手或替代品抢占公司销售额、主要产品市场增长率下降、汇率和外贸政策的不利变动、人口特征与社会消费方式的不利变动、客户或供应商的谈判能力提高、市场需求减少和容易受到经济萧条和业务周期的冲击。

头脑风暴法

头脑风暴法是由美国创造学家 A. F. 奥斯本于 1939 年首次提出、1953 年正式发表的一种激发思维的方法，是指参加者的头脑受到别人想法的启发，积极开动起来，越来越活跃，好想法、好主意喷涌而出。

识别一个项目是不是好的创业项目，就是要把相关的人员召集起来，利用集体的智慧，鼓励大家积极参与，深入思考，大胆地提出各种设想，让参加者出主意，想办法。通过适当的安排和组织，给参加者充分的自由，不加任何限制，让其广开思路，海阔天空，提出想法。当有人提出想法后，其他人就会受到启发，也提出一些想法。而其他人提出的想法反过来又触动最初说出想法的人的灵犀，头脑中升腾出更多、更深入、更好的想法。参加者就是如此互相启发、互相补充、共同完善，最后汇集出好主意来。因此，头脑风暴法是识别创业项目的好方法。

运用头脑风暴法时，应注意以下几点：

(1) 把参加者初步提出的主意列出来。

(2) 此时不要对这些想法进行任何评价或作出任何判断。

(3) 对于这些主意，除了未表达清楚外，不要讨论。

(4) 欢迎“异想天开”，对与不对、合理与荒谬的主意，不要急着下定论。

(5) 几个人提出一样的，或者重复别人的，也无所谓，不要怕重复。

(6) 鼓励多多益善。主意越多，找到有用的主意的可能性越大。

(7) 不要急着收场。若参加者提不出新想法了，暂停，休息。在大家精神重新振作之后，可再继续。

在此基础上，从技术和经济角度对所选项目进行评估、测算，最后确定切实可行的创业项目。

上述方法是最基本的分析方法，既适合行业分析，也适合项目、产品分析等。但是，识别创业项目一定要从具体的商业实践着手，识别出具体的商业行为和赢利方式。为此，本部分重点分析观察法和访问调查法两种思路识别创业项目，在此基础上运用分析理论形成项目识别报告。

任务一：用观察法识别项目机会

观察法是指调查者在现场对被调查的情况直接观察、记录，以取得市场信息资料的方法，主要是凭调查人员的直观感觉或借助于某些摄录设备和仪器来跟踪、记录和考察被调查者的活动和现场事实，来获取某些重要的市场信息。

观察法的观察内容很多，用观察法识别创业项目时，要对项目的资源和库存、顾客行为、营业状况和人流量进行观察记录。具体做法是：

(1)通过观察项目的资源和库存情况，了解项目的生产销售状况，判断项目资源数量，提出市场供应数量；

(2)通过观察顾客在营业场所的活动情况，了解顾客的构成、行为特征、偏好，及成交率等重要的市场信息资料；

(3)通过观察营业现场的情况，综合分析判断企业的经营管理水平、商品供求情况；

(4)通过观察了解企业(企业经营项目)如何赢利。

第三产业类经营项目的观察识别

进入中心商业圈、大学生创业园，选择一个正在运营的经营项目，根据下列观察点，进行观察(表 2-2)。

(1)企业的基本情况、观察项目的名称；

(2)项目的主要观察过程；

(3)项目观察内容与结果。

表 2-2　第三产业类经营项目的观察识别记录表

序号	观察点	观察内容	观察记录
(1)	项目资源和库存观察	①商品资源数量	
		②商品库存	
(2)	顾客特征	①顾客类型(性别、年龄、群体等)	
		②顾客购买商品的原因	
		③什么因素影响顾客对商品的购买	
(3)	依靠什么营销手段促销	①商品陈列	
		②橱窗布置	
		③商品价格的变动	
		④促销活动	
		⑤顾客流量	
(4)	项目如何赢利？毛利率如何？	①成本	
		②促销手段	
		③产品服务独特	
		④客源	
		⑤其他	

通过上述观察，了解了特定创业项目的资源和库存情况、顾客行为、营业状况和人流量情况，请结合 SWOT 分析法，形成如下观察材料，指出把该项目列为创业项目的可行性。

(1) 列出该创业项目各竞争对手的基本情况、主要竞争措施、存在的问题及其原因。

(2) 分析本创业项目的主要竞争优势，包括销售和营业额、经营措施等。

(3) 分析本创业项目的强项、弱项、优势和不足(SWOT 分析)(表 2-3)。

表 2-3 SWOT 分析表

序号	创业项目的 SWOT 分析	主要内容
(1)	S	
(2)	W	
(3)	O	
(4)	T	

第二产业类生产经营项目的观察识别

企业的生产、研发、生产性服务等各个环节都会产生利润。有的企业为此会把内部的某项业务进行单独核算，有的会采用外包的方式进行外加工。进入一个企业、工业园区等，观察一个企业内部经营、生产各环节的情况，考察哪些是独立产生利润的项目(表 2-4)，进一步结合 SWOT 分析法分析哪些项目可能适合我们创业。

(1)企业的基本情况、观察的内容；

(2)主要观察过程；

(3)观察内容与结果。

表 2-4 第二类产业类生产经营项目的观察识别记录表

	观察项目内容	赢利方式、毛利率
企业基本设施业务		
人力资源业务		
技术发展业务		
采购业务		
后勤进料		
生产作业		
出货后勤		
行销与销售		

通过上述观察，了解了特定创业项目的资源和库存情况、顾客行为、营业状况和人流量情况，结合 SWOT 分析法，形成如下观察材料：

(1)列出该创业项目各竞争对手的基本情况、主要竞争措施、存在的问题及其原因。

(2)分析本创业项目的主要竞争优势，包括销售和营业额、经营措施等。

(3)分析本创业项目的强项、弱项、优势和不足(SWOT 分析)(表 2-5)。

(4)指出该创业项目的可行性。

表 2-5　SWOT 分析表

序号	创业项目的 SWOT 分析	主要内容
(1)	S	
(2)	W	
(3)	O	
(4)	T	

课外实践

1. 在区域产业、行业、企业调查的基础上，选择具体的创业项目，进行观察分析或访谈分析。进行观察记录，进行 SWOT 分析，写出一份观察报告。

2. 找你身边的一个创业者，去和他或她聊聊，看看他或她是通过什么途径发现机会的，然后结合所学的内容思考一下，为什么他或她能够看到机会，他或她看到的又是什么样的机会？然后总结你有什么收获。

附：(1)景观设计工作室

(2)汽车美容店

(3)彩铃设计工作室

(4)游戏动画设计

(5)房地产估价咨询公司

(6)特许金融分析师(CFA)工作室

(7)高级会展设计工作室

(8)营养配餐工作室

(9)财务策划(理财规划)咨询公司

(10)职业顾问工作室

任务二：用访问调查法识别项目机会

访问调查法，也称访谈法，是指由访问者向被访问者提出问题，通过被访问者的口头回答或填写调查表等形式来收集市场信息资料的一种方法。

(一)访问调查的特点

访问调查的特点是：

(1)它是访问者与被访问者面对面的直接调查。它与实地观察等直接调查方法一样，能够比各种间接调查方法了解到更多、更具体、更生动的社会情况。

(2)它是通过交谈方式进行的口头调查，因而它能通过口头交谈方式反复询问某些情况，并深入探讨有关问题。

(3)它是访问者与被访问者双向传导的互动式调查。

(4)它是需要一定访谈技巧的有控制的调查。

(二)访问调查的分类

访问调查法的种类很多，常用的划分标准有两种：

1. 以访问调查内容为标准，划分为标准化访问和非标准化访问

(1)标准化访问，也称结构性访问，就是按照统一设计的、有一定结构的问卷所进行的访问。这种访问的特点是：访问对象的选择标准和方法，访谈中提出的问题、提问的方式和顺序，以及对被访问者回答的记录方式等都是统一设计的，甚至连访谈的时间、地点、周围环境等外部条件，也力求保持基本一致。

标准化访谈的好处是，便于对访问结果进行统计和定量分析，便于对不同被访问者的回答进行对比研究。但是，这种访问方法缺乏弹性，难以灵活反映复杂多变的客观情况，难以对某些问题进行深入探讨，同时也不利于充分发挥访问者和被访问者的积极性、主动性。

(2)非标准化访问，也称非结构性访问，就是按照一定调查目的和一个粗线条调查提纲进行的访问。这种访问方法，对访问对象的选择和访谈中所要询问的问题有一个基本要求，但可根据访谈时的实际情况作必要调整。

非标准化访问，有利于充分发挥访问者和被访问者的主动性、创造性，有利于适应千变万化的客观情况，有利于调查原设计方案中没有考虑到的新情况、新问题，有利于对某些问题进行深入的探讨。但是，这种方法对访问者的要求较高，对访问调查的结果难以进行定量分析。

2. 以访问调查方式为标准，划分为直接访问和间接访问

(1)直接访问，就是访问者与被访问者进行面对面的访谈。这种访问方法，又可分为“走出去”和“请进来”两种具体方式。“走出去”就是访问者走到被访问者中间去，就地进行访问；“请进来”就是将被访问者请到访问者安排的地方，然后再进行访问。

(2)间接访问，就是访问者通过电话、电脑、书面问卷等中介工具对被访问者进行访问。

(三)访问调查需关注的问题

对创业项目来讲，能否取得成功，最终还是要看有没有市场。市场对产品和服务的需求才是创业能否成功的根本，因此，在访问调查过程中要考虑如下问题：

(1)市场机遇与开发谋略。市场面临什么问题？你准备以什么产品或服务来解决这个(些)问题？你的产品或服务的潜在销售额有多大？如何创造这些销售额？你的首批顾客是谁？

(2)产品与服务构思。你的产品或服务能否针对顾客的真正需要？能否帮助顾客解决面临的实际问题？你将如何销售自己的产品或服务？你的收入来自哪里？如何撰写产品或服务构思？用什么方法向潜在顾客展示你的产品或服务？

(3)竞争优势。谁将是你的竞争对手？你的产品或服务与竞争对手的相比，在使用价值、生产成本、外观设计、环境和谐、上市时间、技术创新、同类兼容等方面有哪些长处？

(4)经营团队。有没有高速增长的潜力？能否有效抵御竞争对手的竞争？需要多少前期投资？需要多长时间才能将产品推向市场？是否具有成为该市场领先者的潜力？目前阶段如何开发？团队成员的素质水平与技能能否互补？今后五年能否茁壮成长？

(四)访问调查的步骤

访问调查的实施步骤是：

1. 做好访问前的准备

(1)准备访问提纲，学习与调查内容有关的知识。

(2)选准访谈对象，尽可能多地了解被访问者。

(3)选好访谈的时间、地点和场合。

2. 建立良好的人际关系

要建立良好的人际关系，就必须：

(1)表明来意，消除疑虑。

(2)虚心求教，以礼待人。

(3)平等交谈，保持中立。

3. 重视访谈过程中的非语言信息

在访谈过程中，既要重视语言信息交流的技巧，又要重视非语言信息交流的技巧。

4. 做好访问记录

访问调查，一般都要做记录。记录有两种方式，即当场记录和事后追记。标准化访问只要按照规定的记录方式，把被访问者的回答记录在事先设计好的表格、问卷、卡片上。非标准化访问的记录则比较困难。

5. 对无回答的处置

在访问调查中，经常会出现无回答现象。这有两种情况：一是计划访问的对象出差、请假或不在家；二是计划访问的对象不合作，拒绝回答问题。对于这两种情况，都应该采取相应的措施，进行妥善处置。

6. 关于电话访问

电话访问要考虑如下问题：

(1)关于确定总体问题；

(2)关于抽取样本问题；

(3)关于调查内容问题；

(4)关于记录方式问题；

(5)关于拒绝回答问题；

(6)关于访问员问题。

访谈识别项目创业机会

确定具体拟了解的项目，准备进行访谈。访谈调查的关键是要找到确实了解项目情况的生产经营者。在学校教学中，可以在学校、教师提供的兼职教师专家库中寻找，也可以通过亲戚、朋友等途径帮助联系，当然学生自己联系更好。为了使访谈深入有效，可以请受访者对五大内容按照“同类业务的一般情况和本企业的特别措施”进行介绍和讨论。

1. 基本情况

主要包括：被访企业的基本情况、被访者的基本情况(职务、工作经历、联系方式)。

2. 访谈内容

通过访问调查，了解了特定创业项目的市场需求、资本和获利能力、竞争优势、管理班子和可能存在的致命缺陷(见表2-6)。

表2-6　访谈内容记录表

序号	访问调查点	同类业务的一般情况	本企业的情况
(1)	市场(需求、消费者、市场规模、增长率、可达到目的的市场份额和成本结构)		
(2)	资本和获利能力(毛利、税后利润、所需要的时间、资本需求、退出机制)		
(3)	竞争优势(生产、营销、分配；价格、成本、供应渠道、分配渠道；技术、产品、市场创新；人员、位置、资源或生产能力的优势；进入市场的障碍)		
(4)	管理团队		
(5)	致命缺陷		

通过访问调查，形成如下访问调查材料：

(1)通过调查，列出该创业项目各竞争对手的基本情况、主要优势、存在的问题及其原因。

(2)分析该创业项目的市场需求、资本和获利能力、竞争优势、管理班子和致命缺陷等。

(3)经过讨论，对创业项目的可行性进行分析和评价。

访谈结束应该注意两个问题：一是要适可而止，二是要善始善终。一次访问结束后，还要根据工作需要，组织再次访问。再次访问一般有三种类型：

(1)补充性再次访问，是指为了完成第一次访谈中没有完成的调查任务，可补充、纠正第一次访谈中的遗漏和错误而做的再次访问。

(2)深入性再次访问，是指为了深入探讨某些问题，按计划在第一次访问了解一般情况、熟悉被访问者后做的第二次或多次访问。

(3)追踪性再次访问，是指为了了解被访问者的变化，在第一次访问后间隔一段时间对原调查对象进行的再次或多次访问。

课外实践

在区域产业、行业、企业调查的基础上，选择具体的创业项目进行观察。开展访谈，记录访谈内容，进行SWOT分析，写出一份访谈调查报告。

任务三：项目识别分析报告

经过创业机会识别，需要进行总体的分析，对创业项目有一个准确的把握。各调查小组在老师的指导下进行讨论，按项目组或个人形成分析报告。

报告的最终目的是对观察的项目进行评价，为创业项目的设计提供依据。报告应包含报告目的、行业分析、市场分析、项目或产品或企业分析、SWOT分析、项目评价等内容。为了使项目有更有力的依据，还需要结合第一章的行业、市场分析，使对项目的评价有行业基准。调研结果出来以后，我们就可以知道这个项目是否可行，是否值得进入。

除了强调实践中观察、访谈外，完成报告还需要一定的理论提升分析。下面先就几种分析的注意点做一介绍。

1. 收集二手资料

二手资料是指已经被整理好的对我们调研有帮助的资料。二手资料的获得相对于原始资料而言，具有速度更快、成本更低、过程操作简单的好处，所以这是大部分调研公司或企业调研时最经常使用的方法。

收集二手资料时要注意的几个问题：二手资料的来源有哪些？二手资料的内容是否可靠？二手资料是个人还是单位收集的？当时该收集人士(单位)的目的是什么？该人士(单位)是通过什么方式收集的？收集的时间是什么时候？这些问题都将影响到数据的准确性和实用性。

2. 定性研究

定性研究可以弥补二手资料众多的缺点，可以就实际问题提出调研，可以进行更加生动、真实、准确和详细的调研，可以根据某些方法得到人们主观的想法，可以发现二手资料的真实程度等。主要的方法有小组座谈会、深度访谈、投影技法、故事研究法等。

3. 抽样调查

抽样的技术主要有简单的随机抽样、聚类抽样、系统抽样、分层抽样、判断抽样、配额抽样等。由于主要在本地区调查，所以一般采用分层判断抽样的方法进行，如抽取本地区优秀企业、新产品开发企业等。

4. 访问的方法

访问所得资料的可信度是建立在被研究者自愿接受并且配合的情况下来完成的，所以要控制好访问的质量。访问的主要方法有：入户访问、拦截访问、电话访问、邮寄访问、计算机辅助访问(CATI)、网上调查等。

5. 数据的分析

当所有数据都做出来以后，最后要做的事情就是对这些数据进行分析，以达到我们调研的目的。分析的方法有很多，最重要的是根据不同的项目性质来判断分析的方法是否合适，主要的分析方法包括：联合分析、对应分析、交叉分析、均值分析、频数分析、回归分析、SWOT 分析等。

按照行业、市场、项目的思路，报告的框架如下：

1 项目概况

1.1 行业分析

1.1.1 主要品牌市场占有率

1.1.2 销售增长方向

1.1.3 行业发展方向

1.1.3.1 市场发展方向

1.1.3.2 产品研发方向

1.2 项目分析

1.2.1 项目业务概述

1.2.1 当前项目业务范围

1.2.2 项目业务可扩展范围

1.3 市场发展历程及产品生命周期

2 项目竞争状况分析

2.1 市场竞争状况

2.1.1 竞争者地位分布

2.1.2 竞争者类型

2.2 项目特征

2.2.1 主要销售渠道(分销渠道、零售渠道)

2.2.2 主要销售手段

2.2.3 主要技术手段

2.2.4 项目成功关键因素分析

3 未来几年项目服务(销售)区域市场需求、价格预测、趋势

课外实践

在区域产业、行业、企业调查的基础上，对所调查的项目或产品或企业的具体内容进行分析，写出一份分析、评价报告。

第三章 创业项目准备

本章提示

从本章开始，同学们要开始自己的创业实践了。先要设计好自己的创业项目，并做好各方面的准备。在这一阶段，同学们主要采用与其他企业合作的方式开展创业项目实践。如在学校创业园、校外合作企业等地方通过合作协议开展创业项目实践，采用 BPO 外包方式进行项目创业。

项目设计。以 BPO 项目为背景，讲述项目创业开始前的各种资源准备，主要有创业项目的构思与设计、创业项目运作条件、选择商业模式和拟写创业项目计划书。

条件准备。创业前要考虑好团队的组建、资金的筹集和物资的安排等问题。其中最重要的是创业团队的组建与创业融资。而商业模式是新企业赢利的核心逻辑，新企业只有开发出有效的商业模式，才能激发足够多的顾客、供应商等参与合作。只有这样，才能创建成功的新企业。创业计划是创业者叩响投资者大门的“敲门砖”。 对初创的风险企业来说，一份优秀的创业计划书往往能起到事半功倍的效果。本章将告诉学生一份完善的创业计划书必须包含哪些因素，说明哪些问题。

合作方式。拟定投标书，确定合作方式，签订协议。

综合一系列前期工作，撰写一份有价值的创业计划书。签订有关协议。未能签订协议者可加盟其他创业团队。

俗话说，“磨刀不误砍柴工”，创业也是这样。前期准备越充分，成功的概率就越大。创业项目的前期准备就是动手创业时对创业项目进行重新思考与再分析的过程。通过创业项目的前期准备，进一步明确创业项目的人、财、物等资源。

我们知道，创业项目不同，相互之间的差异也就非常大。创业项目的准备要从项目的性质、特点及自身所拥有的资源等方面进行。麻省理工学院斯隆管理学院在创业方案大赛中提出的取胜技巧是：组建一个包括技术人才和管理人才在内的具有综合性技能的团队；开发出一种赢利模式，而不仅仅是一项发明；从各方面人士那里获取忠告，不论他们是同学、教师，还是竞争对手或家庭成员；分析顾客：他们在寻找什么；分析竞争对手：你有什么他们不及的长处；展示你有能力获得一种持续的、有竞争力的优势；写作的文字要直接、中肯，记住评审专家们会认真阅读你提交的文字；制定你的创业方案和时间安排时一定要实事求是、有根有据，注意避免好高骛远、不着边际；不要刻意在技术方面、质量方面和价格方面展开竞争；评审专家们就如潜在投资者，能够吸引他们的是你如何分析出一大片市场空间，他们喜欢的是潜力巨大、增长快速的业务。

根据上述分析思路，结合高职学生的创业实际，创业项目准备要做如下几项工作。

1. 选择创业项目的原则

大学生在选择创业项目时，要遵循如下原则：

(1)选择国家政策鼓励和支持，并有发展前景的行业：

1)投资不多的劳动密集型行业，如服装、食品加工、印刷包装、工艺品、电子仪器等。

2)为某些大中企业提供配套生产服务，比如零配件加工、服装辅料提供等，既可保证产品销售，又可节省投资。

3)信息、咨询、广告等服务行业。

4)维修、快递、家政、清洗、保健等便民、利民服务行业。

5)餐厅、面店、小百货店、文具店等餐饮业、商业。

6)加盟连锁经营，比如老娘舅、大娘水饺、真功夫等速食连锁企业。

(2)要认真进行市场调研，适应社会需求。虽说“皇帝的女儿不愁嫁”、“酒香不怕巷子深”，可如今是网络信息化时代，如果不开展市场调研，如果不能满足市场需求，项目将很难成功。因此，创业项目的选择必须以市场为导向。

(3)要充分利用优势和长处，干自己有兴趣的、熟悉的事。

(4)要量力而行，从干小事、求小利做起，一步一个脚印，稳步推进。

(5)要坚持创新，做到“人无我有，人有我优，人优我特，人特我精”。

以下五领域都是大学生可供选择的创业项目：

1)开发新产品或改造老产品；

2)开辟一个新的市场；

3)采用一种新的生产方法；

4)获得原料或半成品新的供给来源；

5) 实行一种新的企业组织形式。

2. 选择创业项目的条件

(1) 行业要求：新兴的行业或产业，具有很好的发展潜力或趋势，竞争相对较少——成功的机会较大。

(2) 投资要求：投资小，见效快，风险小，有长远的收益——避免每隔几年就要重新创业。

(3) 产品要求：产品独特，需求面广，最好是易耗产品——能保证持续稳定的收入。

(4) 经验要求：有良好的销售培训和销售团队的支持——可少走弯路。

(5) 前景要求：要有良好的发展前景——要把握趋势。

(6) 合法性要求：违法的、歪门邪道的绝不能做。

(7) 其他要求：时间和地域的限制越少越好。

3. 如何发现创业项目的商机

(1) 从变化中发现商机。比如产业结构的变动、消费结构升级、城市化加速、思想观念变化、政府政策变化、人口结构变化、居民收入水平提高、全球化趋势等。

(2) 锁定目标客户群，从需求中发现商机。对创业来讲，顾客未必都是上帝，我们要寻找哪些适合的目标顾客群，因此要对客户进行有效的分类。顾客分类的方法主要是 ABC 分类法，对于某一类顾客来说，他们的基本需求是相似的。

(3) 从市场空白点中发现商机。从市场空白中发现有价值的商机，使自己在短时间内迅速致富，比如农家自酿酒、农家乐等。

(4) 从生活细节中发现商机。比如不勒手袋子、旅行箱(包)、背包等。

(5) 根据当地的资源来选择项目。靠山吃山，靠水吃水，这类项目大多是根据当地的资源来选择，比如阳澄湖大闸蟹、温州茶山杨梅等。

4. 选择创业项目的程序

尽管网络、报纸、新闻媒体及各类书籍、杂志都在介绍创业金点子、创业好项目，但从调查来看，目前大学生创业的成功概率并不高，全国平均只有2%—3%，最高的浙江省也只有 4%左右。从表面上来看，每一个项目看起来都非常不错，每一个项目的前景都非常好，但是现实是无情的。为什么那么多的创业者以失败而告终？究其根源，原因是多方面的。根据致富在线 zfol.net 调查：在众多失败的创业者当中，68%的人认为自己失败的原因在于最初没有选对适合自己的项目。要想提高创业的成功率，最重要的就是选择项目。高职学生在选择创业项目时，可以参照清华大学研究生总结的6W公式：

(1) Which trade(选行业)。女怕嫁错郎，男怕入错行。准备创业时要问自己几个问题：所选的行业有没有潜力？是否符合国家政策？未来的趋势怎样？

(2) What(选产品)。选择产品时要多问问这个产品是工业品还是民用品？产品的优势在价格还是功能？产品的成长性如何？产品的市场容量有多大？产品的相关竞争品的价格、性能、优劣势、市场现状如何？产品与竞争品相比差异化到底有多大？产品的外形设计如何？产品的外包装如何？

(3) Which company(选公司)。选公司也是非常重要的，任何时候一个企业都要经历一个发展过程，比如早期的海尔、娃哈哈、联想，没有成型的销售网络，没有雄厚的资金，也没有钱打广告，更没有现今家喻户晓的品牌。

(4) Who(认清自己)。好的行业+好的产品+好的公司=好的项目，但你要成功，还需要认清自己。只有“知己知彼”，才能在创业的舞台上“百战不殆”。

(5) Where(地域)。在创业过程中，“地利”很重要。大到开办工厂要考虑原料、市场、人工、地价，小到办个小吃店，选址都要考虑人流量、档次、规模。

(6) When(时机)。认清了市场，看准了时机就大胆上。

任务一：创业项目的构思与设计

21世纪是“创业时代”，创业已成为社会上最热门的话题之一。伴随着我国经济体制改革的不断深入和市场经济体制的完善，越来越多的人开始走上自主创业之路。后金融危机时代，虽然商机无限，但对资金、能力、经验都有限的大学生来说，并非“遍地黄金”，其中一个很重要的原因就是因为没有做好创业准备。

创业不同于上班，时间固定，还有节假日。自己创业，往往有什么活就干什么活，不管轻的、重的，还是精通的、不精通的，都要拿得起，放得下。因此，当完成机会识别后，创业者要思考：

(1) 为什么创业？有没有信心？风险偏好怎样？过去的利益舍不舍得放弃？

(2) 是否具有创业者应有的能力与素质？挫折承受能力怎样？

(3) 是否具备创业的核心优势？与即将面对的竞争对手相比是否有明显的优势？

(4) 是否有足够的耐心与耐力？估计需要多少时间才能走过创业瓶颈阶

段？自己有多长时间准备？

(5)创业最大的风险是什么？最坏的结果是什么？能否承受？

通过上述分析，接下来要做的事就是如何进行创业项目设计。创业项目设计的方法很多，如业务流程外包、承包、转包等。当我们准备创业时，可以立刻着手创办自己的企业，也可以通过承包、承担企业的某项任务开始。下面我们着重介绍业务流程外包(BPO)项目运作。

所谓业务流程外包，简称“BPO”(Business Process Outsourcing)，是指企业将自己不具有竞争力的业务流程或职能外包给供应商，并由供应商提供相应的服务。这个概念包括三部分内容：一是把原来由公司处理的某些业务交给外部企业或个人完成；二是公司与承包人之间形成“长期合同”的关系；三是实施 BPO 项目运作是为了减少公司成本，增加公司利润。

因此，公司将某些业务通过 BPO 方式运作时需要考虑如下问题：一是承接 BPO 项目的企业或个人是否可信？二是该企业或个人是否是来自行业内部，对本行业的业务流程是否熟悉，服务能力怎么样，是否安全，是否懂业务，会不会带来新的问题？三是有没有承接过本地项目的成功案例？等等。

当前，国际上的 BPO 业务主要是客户支持、会计服务、数据处理、呼叫中心、业务分析、人力资源外包等。在国内，主要的 BPO 业务有：

(1)市场调研。通过电话、邮件、QQ 等方式调查消费者需求情况。比如，福建安溪生产铁观音，通过 QQ 的方式开展前期市场调查。如果顾客有意向，再通过电话调查确定。又如 4S 店，通过售后服务电话，听取顾客的意见和建设，提高顾客的满意度。

(2)数据处理等应用业务。随着网络信息化的发展，越来越多的企业将自己不擅长，或者不具有优势，或使用量少的业务外包，比如数据处理、软硬件维护、会展物业设备提供、场景布置等。

(3)应收应付账款等业务流程。比如婚宴典礼业务外包、建筑商环境工程外包、开发商将物业管理业务外包等。又如企业食堂、保洁服务等外包。

(4)人力资源(HR)业务外包。企业将 HR 的有关流程交给具有专门知识或技能的企业。比如外资企业将公司的薪酬管理外包。

比如茶餐厅项目。我们知道，如今的大学，少则几千人，多则几万人。在校园里，茶餐厅是一个具有较强文化气息，具有一定时尚性，迎合大学生消费的场所，但是大学生消费受时间影响较大，具有集中性、阶段性等特点，企业很难配置人力，经常会出现忙时员工太少，空时员工太多的情况。

实　例

还在学校读书的大二学生陈虹在学习“市场调查”这门课时，无意间发现了茶餐厅企业的困惑和自己的优势。陈虹根据学校所学的知识，运用PEST分析法和SWOT分析方法对大学校园周边的茶餐饮情况进行了深入调查。通过调查，陈虹发现有三家企业愿意在大学校园提供茶餐饮服务，但是他们最担心的是用工问题，而这恰恰是陈虹所关注的，大学生正苦于找不到创业门路。陈虹把自己的真实想法与三家企业老总进行沟通，希望企业投资茶餐饮，由企业提供租金、设备和产品，由陈虹提供“员工”服务，也就是将茶餐厅企业员工外包。通过沟通，其中一家企业的张总非常感兴趣，并到学校进行了考察，对陈虹的为人、能力及学校的相关政策进行了调查。在此基础上，双方进行了多次的沟通，陈虹与张总就茶餐厅服务的理念、具体要求、员工(准员工)配置、收入分配等事项进行了谈判，并签订了BPO项目合作协议。签完协议后，张总根据协议要求，落实租赁场地，负责装修、购买设备等事宜。陈虹在学校里发动了“我们要创业、我们要当老板”的招聘启事，迎来了大批报名的学生。经过面试和对学生课业负担的分析，陈虹选择了10位同学作为茶餐厅备用人选，并按公司餐饮要求，邀请公司培训部对他们进行了培训。茶餐厅装修完毕，10位同学的挑选与培训也已全部完成。陈虹开始了她人生的创业路。如今，这个茶餐厅已经经营了三年，陈虹也已经从学校毕业，并买下了这个茶餐厅的经营权，计划注册自己的商标，开始连锁经营。

分析陈虹的案例，在BPO项目运作过程中有这样几条经验值得我们学习与借鉴：

第一，通过市场调查，发现企业存在的问题，分析自己的强项与弱项，优势与劣势，在比较中寻找市场商机。

第二，找到商机后，主动寻找合作伙伴，及时进行沟通与谈判，建立长期合作关系，完成合作协议签订。

第三，根据协议要求，双方各自履行协议义务。

第四，通过BPO项目运作，积累创业经验和创业资金。

BPO作为降低公司成本，促进公司流程再造的重要方法，已经成为一种不可逆转的趋势，每一个公司都要寻找适合自己的 BPO 项目，利用 BPO 方式提高市场竞争能力。业务外包，不是说这项业务不重要，而是说外包更有利于实现企业利润最大化，因此，企业在将这些业务外包之前，一定会慎重考虑供应商的资质、能力和经验。高职学生可以参照 BPO 项目的运作模式，通过承包企业某项业务、某个工作环节或某项工作任务开始创业，我们称之为“BPO 创业项目”。高职学生的“BPO 创业项目”运作，主要应依托学校、企业的创业实践基地开展，法人单位是学校创业基地或原有企业。通过与学校创业基地、企业投标、谈判等方式取得业务，签订协议，确立业务关系，开展创业项目实践。高职学生在进行 BPO 项目运作时，设备可以采用租赁、承包等方式，商品采用代销等方法，投入可以采用收入抵扣和自有资金相结合的办法。只要经过努力，高职学生一定可以找到一个创业平台，练练身手，积累相关的经验。

课外实践

以下有五个创业项目，请选择一个创业项目，按照 BPO 的运作方式进行设计分析，起草一份 BPO 项目运作报告。

1. 礼品包装项目

如今的大学生对礼品的需求越来越多，而且也越来越有个性，而礼品包装往往是一份礼品好坏的重要标志。但是大学生的消费能力有限，而且个性化要求高，专业礼品公司不愿意开展此项业务。高职学生可以通过承包专业礼品公司的此项业务，提供个性化的礼品包装服务。专业礼品公司可以通过销售礼品增加收入，而且学生也可以通过 BPO 项目运作，积累创业经验和创业资金。

2. 汽车装潢设计

根据国家统计局发布的 2010 年国民经济和社会发展统计公报，2010 年末全国民用汽车保有量达到 9086 万辆，比 2009 年末增长 19.3%，其中私人汽车保有量 6539 万辆，增长 25.3%。业内人士称，一辆汽车从购买到报废，花在汽车装潢、养护和维修上的费用是相当可观的。对高职学生来说，可以选择汽车装潢设计进行创业，比如给新车贴膜，提供汽车垫子、香水、挂件等用品，也可以提供车轮装饰、车身局部装饰、漆面喷涂特种漆等服务。

3. 会展服务

会展业是会议业和展览业的总称，是一个新兴的服务行业，影响面广，关联度高。会展经济逐步发展成为新的增长点，而且会展业是发展潜力大的行业之一。据2009年资料，截止到2009年末，全国具有一定规模(2000平方米以上)的会展项目数接近4300个，1万平方米以上的会展数1344个；出国会展项目申请数接近2000个；全国会展场馆数达到316个，展馆的室内总净展出面积接近500万平方米，其中有145个展馆拥有5千平方米以上机动净展出面积。预计全年展览业收入将突破150亿元。此外，还有大量的小型会展服务需求。

4. 速记服务

在国外，速记经历了手写速记—机械速记—电脑速记的过程，速记市场化已有几十年的历史。在美国，速记服务市场的潜力十分巨大。随着国内市场经济的不断深化，越来越多的场合开始依赖于电脑速记，会议、审判、网站访谈等均需要及时地进行文字记录、处理。据不完全统计，全国每天各类会议达上万场，如果其中的30%有速记需求，就会是一个非常巨大的市场。速记业务不需要太多的投入，一般来说，只要有一台手提电脑和一支录音笔就够了。

5. 网上销售

随着互联网在中国的进一步普及应用，网上购物逐渐成为人们的网上行为之一。国内的网上购物，一般付款方式是款到发货(直接银行转账、在线汇款)、担保交易(淘宝支付宝、百度百付宝、腾讯财付通等的担保交易)、货到付款等。据悉，CNNIC采用电话调查方式，在2008年6月对19个经济发达城市进行调查，4个直辖市为北京、上海、重庆和天津，15个副省级城市为广州、深圳、沈阳、哈尔滨、长春等。访问对象是半年内上过网且在网上买过东西的网民。报告显示，在被调查的19个城市中，上半年网络购物金额达到了162亿元。从性别比例看，男性网购总金额为84亿元，女性网购金额略低于男性，达到78亿元。其中，学生半年网购总金额已达31亿，是非学生半年网购总金额的近1/4。据全球著名的消费品市场研究机构——德国GFK集团公布的数据，2010年中国的网络购物市场达到了4980亿元，比2009年增加了96%。

任务二：创业项目运作条件的准备

创业是一个发现和捕捉机会，并创造出新的产品，或者提供更加优质的服务，进而实现其潜在价值的过程，因此，创业前要考虑好创业团队的组建、创业资金的筹集和创业物资的安排等问题。其中最重要的是创业团队组建与创业融资。

组建创业团队

当创业者终于做出决定，“我要去创业”，而且已经有了切入市场的项目后，创业者最重要的任务就是建立起一个共同创业的团队。现代创业活动已非纯粹追求个人英雄表现的行为，成功的创业个案大都与有效发挥团队力量密切相关。虽然每一位创始人可能都有掌控新企业的欲望，并希望所有成员都能在他的指挥下行事，但从调查情况来看，团队创业成功的几率要远远高于个人。有资料显示，在创业成功的公司中，有70%属于团队创业。

所谓创业团队，是指这样一个共同体：由少数具有互补技能的创业者组成，他们为了实现共同的创业目标，遵循一个能使他们彼此担负责任的程序，共同为达成高品质的结果而努力。因此，创业团队需具备5个要素，称为5P：

1. 目标(Purpose)

创业团队应该有一个既定的共同目标，为团队成员导航。没有目标这个团队就没有存在的价值。目标在创业企业的管理中以企业的远景、战略的形式体现。

2. 人(People)

人是构成创业团队最核心的力量。3个及3个以上的人就形成一个群体，当群体有共同奋斗的目标就形成了团队。在一个创业团队中，人力资源是所有创业资源中最活跃、最重要的资源。应充分调动创业者的各种资源和能力，将人力资源进一步转化为人力资本。

目标是通过人员来实现的，所以人员的选择是创业团队中非常重要的一个部分。在一个团队中可能需要有人出主意，有人定计划，有人实施，有人协调不同的人一起去工作，还有人去监督创业团队工作的进展，评价创业团队最终的贡献，不同的人通过分工来共同完成创业团队的目标。在人员选择方面要考虑人员的能力和经验如何、技能是否互补。

3. 创业团队的定位(Place)

创业团队的定位包含两层意思：

(1)创业团队的定位。创业团队在企业中处于什么位置，由谁选择和决定团队的成员，创业团队最终应对谁负责，创业团队采取什么方式激励下属。

(2)个体(创业者)的定位。作为成员在创业团队中扮演什么角色，是制订计划还是具体实施或评估；是共同出资，委派某个人参与管理，还是共同出资，共同参与管理；或是共同出资，聘请第三方管理。这些问题决定了创业组织的性质。

4. 权限(Power)

创业团队当中负责人权力的大小与其团队的发展阶段和创业实体所在行业相关。一般来说，创业团队越成熟，负责人所拥有的权力相应越小；在创业团队发展的初期阶段，权力相对比较集中。

5. 计划(Plan)

计划有两层含义：

(1)目标最终的实现，需要一系列具体的行动方案，可以把计划理解成达到目标的具体工作程序。

(2)按计划进行可以保证创业团队的进度顺利实现。只有在计划的操作下创业团队才会一步一步地贴近目标，从而最终实现目标。

初创企业在组建团队过程中，要充分考虑以上5个要素，搭建一支适合企业发展的创业团队，为企业的成功迈出关键性的一步。

具体来说，组建创业团队要遵循如下4个步骤。

1. 招募人员

创业团队成员的招募，主要应考虑两个方面：

(1)考虑互补性，即考虑其能否与其他成员在能力或技术上形成互补。这种互补性既有助于强化团队成员间彼此的合作，又能保证整个团队的战斗力，更好地发挥团队的作用。一般而言，创业团队至少需要管理、技术和营销三个方面的人才。

(2)考虑适度规模，适度的团队规模是保证团队高效运转的重要条件。一般而言，创业项目团队的规模宜控制在2—12人之间。

团队也可以在项目发展过程中逐渐孕育形成。

2. 分工与职权划分

创业团队的职权划分就是根据创业计划的需要，具体确定每个团队成员所要担负的职责以及相应所享有的权限。团队成员间职权的划分必须明确，既要避免职权的重叠和交叉，又要避免无人承担造成工作上的疏漏。由于创业环境动态复杂，不断会出现新的问题，因此，一定要注意分工不分家，加强协作精神，善于补位。

3. 制定创业团队制度

创业团队要正常高效运转，一方面必须具备各种约束制度，主要包括纪律条例、组织条例、财务条例、保密条例等；另一方面，必须具备有效的激励机制，主要包括利益分配方案、奖惩制度、考核标准、激励措施等。这样，团队成员才能看到随着创业目标的实现，其自身利益将会得到怎样的改变。

4. 团队的融合

随着团队的运作，团队组建时在人员匹配、制度设计、职权划分等方面的不合理之处会逐渐暴露出来，这时就需要对团队进行调整融合。

课外实践

组织一次团队会议，邀请老师一起参与，讨论团队建设中的问题，形成团队共同创业的声明，签订相应的协议。

创业融资

任何创业都是要资本的，就算是最少的启动资金，也要包含一些最基本的开支。创业融资是创业管理的关键内容，在企业成长的过程中和发展的不同阶段，融资是困扰创业者的一个难题。调查显示，45%的被调查者认为创业遇到的最大问题是“缺乏资金”，32%的人认为“缺乏项目”。与既有企业相比，创业企业存在缺少可供抵押的资产、没有经营记录、单次融资量较小等方面的劣势。创业初期的本金问题如何解决，关键还是要掌握一定的融资技巧。目前，我国创业融资渠道主要有：

1. 创业基金

为鼓励大学生创业，国家和各地政府均设立了创业基金。创业基金的优势在于利用政府资金，不用担心投资方的信用问题，而且政府的投资一般都是免费的，所以降低或免除了筹资资本。因此创业基金通常被所有创业者所高度关注，竞争激烈，申请要求严格。

2. 亲情融资

个人筹集创业启动资金最常见、最简单，也是最有效的途径就是向亲友借钱，它属于负债筹资的一种方式。这个方法筹措资金速度快、风险小、成本低。

3. 合伙融资

寻找合伙人投资是指按照“共同投资、共同经营、共担风险、共享利润”

的原则，直接吸收单位或个人投资、合伙创业的一种筹资途径和方法。合伙创业不但可以有效筹集到资金，还可以充分发挥人才的作用，并且有利于对各种资源的利用和整合，能尽快形成生产能力，降低创业风险。

4. 风险投资

广义的风险投资泛指一切具有高风险、高潜在收益的投资；狭义的风险投资是指以高新技术为基础，生产与经营技术密集型产品的投资。对于一个创业者来说，要获得风险投资，一套完整的商业计划是必不可缺的。除此之外，还要有4个基本要素，即要有好的市场，要有好的技术，要有好的团队，能确定取得利润。

5. 金融机构贷款

(1)创业贷款。创业贷款是指具有一定生产经营能力或已经从事生产经营活动的个人，因创业或再创业提出资金需求申请，经银行认可有效担保后而发放的一种专项贷款。符合条件的借款人，根据个人的资信状况和偿还能力，最高可获得单笔50万元的贷款支持。对创业达到一定规模或成为再就业明星的，还可提出更高额度的贷款申请。创业贷款的期限一般为1年，最长不超过3年。为了支持下岗职工创业，有的银行对创业贷款的利率进行适当下浮，有的地方政府和银行为下岗失业人员申请创业贷款提供60%的政府贴息。

(2)抵押贷款。抵押贷款是指按照担保法规定的抵押方式，以借款人或第三人的财产作为抵押物而发放的贷款。抵押贷款的金额一般不超过抵押物评估价的70%，贷款最高限额为30万元。如果创业需要购置沿街商业房，可以拟购房子作抵押，向银行申请商用房抵押贷款，贷款金额一般不超过拟购商业用房评估价值的60%，贷款期限最长不超过10年。

(3)质押、保证贷款。存单质押贷款的起点一般为5000元，每笔贷款不超过质押面额的80%，一般情况下，到银行网点当天即可取得贷款。另外，近年来各银行为了营销贷款，提高效益，在考虑贷款风险的同时，对贷款质押物的要求不断放宽，除了这种存单质押贷款以外，以国库券、保险公司保单、个人信用等信贷资源也可以轻松得到可用于创业的个人贷款。其中：

1)国债质押贷款：国债质押贷款的起点为5000元，每笔贷款不超过质押国债面额的90%；贷款期限最长一般不超过凭证式国债的到期日，若用不同期限的多张凭证式国债作质押，以距离到期日最近者确定贷款期限。另外，如果征得亲朋的书面同意，并同时出示本人和亲朋的有效身份证件，还可以用亲朋的凭证式国债办理质押贷款。

2)保单质押贷款：是以银行认可的人寿保险保单作为质押，从银行获得个人贷款的一项新业务。借款人如果持有寿险保单，并且有稳定的收入和有按期偿还贷款本息的能力，便可办理此项贷款。个人保单质押贷款期限最短为半年，最长一般不超过3年，同时不能超过质押保单的缴费期限。

大学生自主创业的融资渠道很多，以上仅是常用的几种。选择何种融资方式，应考虑投资的性质、企业的资金需求、融资的成本和财务风险以及投资回收期、投资收益率、举债能力等综合因素。大学生创业者只有解决好融资问题，才能将自己的技术和创意转化为赢利工具，才能在激烈的市场竞争中立于不败之地；拓宽融资渠道，对投资人负责，才能使自己的企业茁壮成长。

课外实践

分析任务一中的创业项目，采用什么样的融资策略？尝试分析各种融资方式的利弊。

任务三：商业模式选择

21世纪以来，“商业模式”这个词已逐渐成为人们耳熟能详的商业术语，也日益成为学术界和企业界关注和讨论的热点，在市场竞争的实践中也逐渐凸显出其重要性。正如著名管理学大师彼得•德鲁克所说：“当今企业之间的竞争，不是产品之间的竞争，而是商业模式之间的竞争。”

在“全球化、新经济、互联网”时代，靠土地、资本、劳动力等生产要素赖以生存的传统经济已经难以绽放昔日光彩，而以商业模式创新为代表的新经济业态却爆发出旺盛的生命力。由互联网、IT、通信等技术革命催生的新经济业态及新商业模式正在不断颠覆传统产业的商业准则，创造出新的赢利模式。

阿里巴巴是B2B商业模式的典范。早在1988年，马云就敏锐地意识到信息技术带来的巨大商机，他绕开收费入网模式，果断推出企业免费入网概念。2002年针对企业信用问题，阿里巴巴推出信用认证概念。2004年阿里巴巴收购雅虎中国后，推出关键字竞价搜索。此后又推出了支付宝……

分析马云的成功，主要在于商业模式的创新。在实际创业过程中，并不是所有的新项目都是在商业模式创新的基础上建立的，但是创建新的商业模式是新项目进行市场竞争的捷径。

有关商业模式的研究最早出现在20世纪50年代，但直到90年代才开始广泛使用和传播。我们现在所说的商业模式，是指一个企业为满足目标顾客需求，如何利用内外部资源和能力，提供产品和服务，获取持续利润的解决方案。在这个定义中，包含了三个关键要素：价值、能力和方式(如图3-1)。其中价值要素反映的是商业模式要创造什么样的价值来满足目标顾客的需求；能力要素主要是指企业需要具备哪些能力来创造价值；方式要素要表明企业如何实现这些价值，即企业如何配置资源实现自身、顾客以及其他相关利益者的价值最大化。

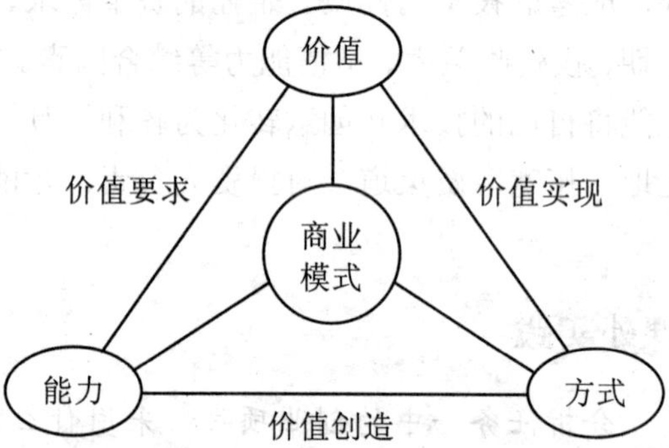

图 3-1　商业模式要素框架图

我们知道，商业模式决定企业成败，商业模式创新是企业获取持续竞争优势的源泉。当前，大家比较认可的商业模式创新是指企业在对顾客需求准确了解的基础上，发现区别于竞争对手已经满足的需求以及潜在的需求，据此优化组合企业的内外部资源能力，实现价值的过程。这个创新过程的关键点包括价值识别和价值实现。价值识别是企业通过对需求和能力的分析，选择创新切入点的过程，价值实现是根据创新切入点选择创新路径的过程。从这个角度来讲，商业模式的创新实际上是企业较高层次的创新，与产品创新、技术创新、观念创新、制度创新这些传统意义上的创新类型，有很多的不同。传统创新更注重从企业本身，或者企业经营活动的某一方面来进行创新，而商业模式创新是企业以顾客需求为中心，从内到外的一种高层次的资源、制度、模式等的整合创新，涉及企业的各个方面。

1. 商业模式创新的特征

相对于传统创新来讲，商业模式创新有以下几个明显特征：

(1)商业模式创新更加注重从顾客的需求出发，从根本上思考设计企业的一切经营活动，而且创新的视角更加外向和开放，如汽车的舒适性。商业模式创新的本质是创造更多的价值，其出发点就是如何从根本上为顾客创造更多的价值。

(2)商业模式创新更加具有整体性和系统性，而不仅仅限于企业某一方面因素的变化。商业模式的创新常常同时涉及企业经营活动中多个环节的重大变化，需要企业组织相应地进行较大的战略调整，是一种综合集成创新。商业模式的创新往往伴随着产品、工艺或者组织的创新。

(3) 商业模式的创新能使企业获得更加持续的竞争优势。商业模式作为联结核心能力和竞争优势的纽带，在三者关系中处于核心地位，只有基于商业模式的竞争才能帮助企业在不断变化的环境中获得持续竞争优势。

合理的商业模式不仅要能最大限度地发挥企业的核心能力，还要能进一步整合企业的核心能力资源，并且难以被竞争对手所模仿。这就需要把握企业与竞争对手关于目标顾客的需求差异，明确企业自身的关键能力资源，选取合适的运作方式，从而才能保证创新模式的成功。

2. 商业模式创新的要素

商业模式创新具有 4 个具体要素：

(1) 利用科技与商业创意，整合外部资源，为自己和产业伙伴创造新的赢利分享价值。比如华联、乐购等连锁经营企业。

(2) 对产业经济的商业运作环节进行创新重组，形成新的产业链。比如高速公路、高铁的站点服务，汽车旅馆等。

(3) 利用电子信息技术和平台改造原有营销模式，形成新的价值链。比如谷歌、百度、淘宝网等。

(4) 利用新的科技手段、创意营销与资本的结合，开发潜在的需求，创造新的需求实现模式，形成市场与科技对接、创意与经济对接。如联想、国美等。

3. 选择合适的商业模式

大学生在选择商业模式时，一般可采取以下 2 种方式：

(1) 企业通过外包方式，企业仅掌握核心的产品技术，辅助性的产品和服务外包给其他企业，这种协作可以共享或相互转让专有知识，以达到更大的协同效应，其极端的方式是企业将产品和服务全部外包，只保留品牌营销和产品设计。

(2) 主体企业通过一种虚拟的动态联盟，将具有技术、资金、市场、管理等资源的其他企业联合起来，这种联合不是实体的结合，而是资源的结合，这些企业通过专业技能或专有知识的共享或相互转让，使各企业在生产制造、市场营销或其他领域获得新的、更好的运作手段。

4. 寻找商业模式的渠道

学生可以在老师的指导下，从下面 4 条渠道中寻找商业模式：

(1) 潜在的、未被竞争对手满足的需求。比如施乐公司，由于看不到个人客户对于影印便利的需求，所以失去了开发桌上复印机的先机。而佳能虽在资源上无法与施乐竞争，但它采取了差异化策略，把复印机市场进行区隔分析，发掘出尚未被满足的特殊顾客群，最后成功开发了简便型桌上复印机。又比如针对城市小孩开设的托管中心等商机。

(2)变化中的、未被竞争对手关注的需求。比如改革开放早期宾馆酒店使用的一次性牙膏、牙刷。又如非典期间洗手液的推广。如今汽车使用越来越多，如何在行车期间轻松方便地打电话，车上电话就成了一个商机。

(3)客户自己也未必意识到的，可挖掘、创造的需求。比如汽车装饰用品、汽车导航仪等。

(4)重新定义供应链组合方式的模式创新。随着竞争的加剧，中小企业参与市场竞争越来越依靠产品和服务的价值，因此，通过供应链联盟来增强企业整体竞争实力成为企业经营变革的主要方向。在供应链组织方式上，中小企业面临供应链组织如何选择、供应链如何连接、信息如何集成和分配、供应链活动如何协调等问题。

课外实践

写一份关于任务一中创业项目的商业模式介绍。

任务四：拟写创业项目计划书

创业计划是创业者叩响投资者大门的“敲门砖”。对初创的风险企业来说，一份优秀的创业计划书往往能起到事半功倍的效果。大学生创业的成功率远远低于一般企业30%的成功率。怎么提高成功率呢？大学生创业者首先必须有一份完整的、可执行的创业计划，即可行性报告，主要回答你所选的项目能否赚钱？赚多少钱？何时赚钱？如何赚钱？以及需要哪些条件？因此，创业项目计划书必须说明：

(1)创办企业的目的——为什么要冒风险，花精力、时间、资源、资金去创办风险企业？

(2)创办企业需要多少资金？为什么要这么多钱？为什么投资人值得为此

注入资金？对已建的风险企业来说，创业项目计划书可以为企业的发展定下比较具体的方向和重点，从而使员工了解企业的经营目标，并激励他们为共同的目标而努力。更重要的是，它可以使企业的出资者以及供应商、销售商等了解企业的经营状况和经营目标，说服出资者(原有的或新来的)为企业的进一步发展提供资金。

正是基于上述理由，创业项目计划书要考虑如下几个问题。

怎样写好创业项目计划书

那些既不能给投资者以充分的信息也不能使投资者心动的创业项目计划书，其最终结果只能是被扔进垃圾箱里。为了确保创业项目计划书能“击中目标”，创业者应做到以下几点：

1. 关注产品

在创业项目计划书中，应提供所有与企业的产品或服务有关的细节，包括企业所实施的所有调查。这些问题包括：

(1)产品正处于什么样的发展阶段？它的独特性怎样？

(2)企业分销产品的方法是什么？

(3)谁会使用企业的产品，为什么？

(4)产品的生产成本是多少，售价是多少？

(5)企业发展新的现代化产品的计划是什么？

2. 敢于竞争

在创业项目计划书中，创业者应细致分析竞争对手的情况：

(1)竞争对手都是谁？他们的产品是如何生产的？

(2)竞争对手的产品与本企业的产品相比，有哪些相同点和不同点？

(3)竞争对手所采用的营销策略是什么？

3. 了解市场

创业项目计划书中还应包括一个主要的营销计划，计划中应列出本企业打算开展广告、促销以及公共关系活动的地区，明确每一项活动的预算和收益。创业项目计划书中应简述一下企业的销售战略：

(1)企业是使用外面的销售代表还是使用内部职员？

(2)企业是使用转卖商、分销商还是特许商？

(3)企业将提供何种类型的销售培训？

4. 表明行动的方针

创业项目计划书中应该明确下列问题：

(1)企业如何把产品推向市场？

(2)如何设计生产线，如何组装产品？

(3)企业生产需要哪些原料？

(4)企业拥有那些生产资源，还需要什么生产资源？

(5)生产和设备的成本是多少？

(6)企业是买设备还是租设备？

5. 展示你的管理队伍

把一个思想转化为一个成功的风险企业，其关键因素就是要有一支强有力的管理队伍。这支队伍的成员必须有较高的专业技术知识、管理才能和多年的工作经验。在创业项目计划书中，应首先描述一下整个管理队伍及其职责，然后再分别介绍每位管理人员的特殊才能、特点和造诣，细致描述每个管理者将对公司所做的贡献。创业项目计划书中还应明确管理目标以及组织结构图。

6. 出色的计划摘要

创业项目计划书中的计划摘要十分重要。计划摘要是创业者所写的最后一部分内容，但却是出资者首先要看的内容，它将从计划中摘录出与筹集资金最相干的细节，对公司内部的基本情况、公司的能力以及局限性、公司的竞争对手、营销和财务战略、公司的管理队伍等情况进行简明而生动的概括。

创业项目计划书的内容

1. 计划摘要

计划摘要一般要包括以下内容：公司介绍；主要产品和业务范围；市场概貌；营销策略；销售计划；生产管理计划；管理者及其组织；财务计划；资金需求状况等。

在计划摘要中，企业要回答下列问题：

(1)企业所处的行业，企业经营的性质和范围。

(2)企业主要产品的内容。

(3)企业的市场在哪里，谁是企业的顾客，他们有哪些需求？

(4) 企业的合伙人、投资人是谁？

(5) 企业的竞争对手是谁，竞争对手对企业的发展有何影响？

2. 产品(服务)介绍

产品介绍应包括以下内容：产品的概念、性能及特性；主要产品介绍；产品的市场竞争力；产品的研究和开发过程；发展新产品的计划和成本分析；产品的市场前景预测；产品的品牌和专利。

在产品(服务)介绍部分，企业家要对产品(服务)作出详细的说明，说明要准确，通俗易懂，使不是专业人员的投资者也能明白。一般来说，产品介绍都要附上产品原型、照片及简要介绍。

产品介绍必须回答以下问题：

(1) 顾客希望企业的产品能解决什么问题，顾客能从产品中获得什么好处？

(2) 企业的产品与竞争对手的产品相比有哪些优缺点，顾客为什么会选择本企业的产品？

(3) 企业为自己的产品采取了何种保护措施，企业拥有哪些专利、许可证，或与已申请专利的厂家达成了哪些协议？

(4) 为什么企业的产品定价可以使企业产生足够的利润，为什么用户会大批量地购买企业的产品？

(5) 企业采用何种方式去改进产品的质量、性能，企业对发展新产品有哪些计划？

3. 人员及组织结构

有了产品之后，创业者第二步要做的就是成立一支有战斗力的管理队伍。企业管理的好坏，直接决定了企业经营风险的大小。而高素质的管理人员和良好的组织结构则是管理好企业的重要保证。

一个企业必须具备负责产品设计与开发、市场营销、生产作业管理、企业理财等方面的专门人才。在创业项目计划书中，必须对主要管理人员加以阐明，介绍他们所具有的能力。此外，在这部分内容中，还应对公司结构做一简要介绍，包括：公司的组织结构图；各部门的功能与责任；各部门的负责人及主要成员；公司的报酬体系；公司的股东名单，包括认股权、比例和特权；公司的董事会成员；各董事的背景资料。

4. 市场预测

当企业要开发一种新产品或向新的市场扩展时，首先就要进行市场预测。

(1) 市场预测首先要对需求进行预测：市场是否存在对这种产品的需求？需

求程度是否可以给企业带来所期望的利益？新的市场规模有多大？需求发展的未来趋向及其状态如何？影响需求都有哪些因素？

(2)市场预测还要包括对市场竞争的情况——企业所面临的竞争格局进行分析：市场中主要的竞争者有哪些？是否存在有利于本企业产品的市场空当？本企业预计的市场占有率是多少？本企业进入市场会引起竞争者怎样的反应，这些反应对企业会有什么影响？

在创业项目计划书中，市场预测应包括以下内容：市场现状综述；竞争厂商概览；目标顾客和目标市场；本企业产品的市场地位；市场区格和特征等。风险企业对市场的预测应建立在严密、科学的市场调查基础上。风险企业所面对的市场，本来就有更加变幻不定的、难以捉摸的特点。

5. 营销策略

营销是企业经营中最富挑战性的环节，影响营销策略的主要因素有：

(1)消费者的特点；

(2)产品的特性；

(3)企业自身的状况；

(4)市场环境方面的因素。

在创业项目计划书中，营销策略应包括以下内容：

(1)市场机构和营销渠道的选择；

(2)营销队伍和管理；

(3)促销计划和广告策略；

(4)价格决策。

6. 制造计划

创业项目计划书中的生产制造计划应包括以下内容：产品制造和技术设备现状；新产品投产计划；技术提升和设备更新的要求；质量控制和质量改进计划。

生产制造计划一般应考虑以下问题：

(1)企业生产制造所需的厂房、设备情况如何？

(2)怎样保证新产品在进入规模生产时的稳定性和可靠性？

(3)设备的引进和安装情况，谁是供应商？

(4)生产线的设计与产品组装是怎样的？

(5)供货者的前置期和资源的需求量是多少？

(6)生产周期标准的制定以及生产作业计划的编制、物料需求计划及其保证措施、质量控制的方法及其他相关的问题。

7. 财务规划

财务规划需要花费较多的精力来做具体分析，其中包括现金流量表、资产负债表以及损益表的制备。流动资金是企业的生命线，因此企业在初创或扩张时，对流动资金要有周详的计划，并实行严格的过程控制；损益表反映的是企业的赢利状况，它是企业在一段时间运作后的经营结果；资产负债表则反映在某一时刻的企业状况，投资者可以用资产负债表中的数据得到的比率指标来衡量企业的经营状况以及可能的投资回报率。

财务规划一般包括以下内容：

(1)创业项目计划书的条件假设；

(2)预计的资产负债表；

(3)预计的损益表；

(4)现金收支分析；

(5)资金的来源和使用。

要完成财务规划，必须明确下列问题：

(1)产品在每一个时期的发出量有多大？

(2)什么时候开始产品线扩张？

(3)每件产品的生产费用是多少？

(4)每件产品的定价是多少？

(5)使用什么分销渠道，所预期的成本和利润是多少？

(6)需要雇用哪几种类型的人？

(7)雇用何时开始，工资预算是多少？

检　查

创业项目计划书写完之后，要认真检查一遍，看一下该计划书是否能准确回答投资者的疑问，争取投资者对本企业的信心。通常，可以从以下几个方面对计划书加以检查：

(1)你的创业项目计划书是否显示出你具有管理公司的经验？

(2)你的创业项目计划书是否显示出你有能力偿还借款？

(3)你的创业项目计划书是否显示出你已进行过完整的市场分析？

(4)你的创业项目计划书是否容易被投资者所领会？

(5)你的创业项目计划书是否有计划摘要并放在了最前面？计划摘要相当于公司创业项目计划书的封面，投资者首先会看它。

(6)你的创业项目计划书是否在文法上全部正确？

(7)你的创业项目计划书能否打消投资者对产品/服务的疑虑？

实例 3-1 创业计划书概要

1. 项目概况

主要包括项目的背景、基本描述、独特优势、行业现状、发展趋势。

2. 项目市场评估

(1)市场环境分析；

(2)消费者分析；

(3)产品或服务竞争力分析。

3. 项目运作模式

BPO 项目运作方式；详细描述项目如何运作。

4. 项目前期资金投入

应估算房租、工资、装潢设备费用、流动资金、加盟金等项目。

5. 项目岗位描述和数量

按照项目转化的规模，列出需要的岗位数量，描述岗位职责。

6. 项目的财务分析与预测

应在合理的范围内预测营业额、毛利、成本、收益等。

7. 创业者应具备的条件

创业者从事该项目应具备的身体条件、知识技能等要求。

8. 项目扶持政策与措施

项目方的扶持政策。

9. 项目可能的风险与对策建议

分析在项目转化过程中可能遇到的风险，一般包括市场风险、管理风险、经营风险等，并提出对策。

10. 附件

项目方的相关资质材料，包括营业执照、税务登记证、创业者身份证复印件、企业有关宣传图片等，产业或企业调查报告、岗位观察或访谈调查报告，BPO 项目运作协议。

实例 3-2：童购网 网“销”天下创业计划书

一、市场分析

(一)企业的目标和任务

湖州市织里商城信息发展有限公司成立于1997年，是一家立足于本土专业市场，从事信息化建设和推广的股份制企业。公司拥有强大的供应商资源和物流体系，服务为数众多的童装经销商和终端用户，现有核心专兼职员工20余人。2002年，公司开通了以信息、交易、服务并重的中华童装网(www.e-ccdc.com)，为织里童装城企业开辟了一个市场信息发布平台。2009年，随着电子商务的迅猛发展，公司在中华童装网的基础上，依托“中国童装名镇”、“全国百强市场”——织里中国童装城的产业集群，创建童购网(www.Tg97.com)电子商务交易平台。童购网投入运营后，虽取得了较好的成效，但仍未达到理想的销售水平，如何通过童购网建设，构建一个集“商品信息传播、交易结算支付、物流存储配送”三位一体，能同时实现网上交易、在线支付、商务洽谈、商品展示(B2B、B2C)的电子商务平台和线下直营店、加盟店并举的经营实体，提高童购网的交易额，开拓线上和线下市场，是公司当前的首要目标和任务。

(二)市场现状和策略

1. 市场现状

资料显示，2010年我国新生儿童将进入第四次高峰期，儿童消费市场巨大。据专家预测，未来几年全国童装需求量将以10%以上的速度递增，2010年童装需求量将达到12亿件(套)以上，未来两年我国童装市场还将有更大突破，预计销售利润将达到5000亿元。而劳动保障部门的数据也可以证明，童装领域的潜在价值已成为下一阶段我国投资就业的一个高增长行业。

童装行业作为一个新的业态进行培育和发展源于20世纪80年代末，经过20多年的发展，浙江织里与广东佛山、福建石狮已成为我国三大童装生产基地，并已进入产业集群化发展阶段。2010年7月7日落成的“织里中国童装城”入驻签约仪式就充分说明了这一点。来自韩国等地的160家最知名童装品牌集体签约，来自国内的1000多家童装品牌经营商和生产厂家也争先抢滩，华诺、今童王、芝麻开门、赛洛菲、玲珑宝贝等数百个国内童装品牌当天进驻；巴拉巴拉、红黄蓝、三点水、棵棵树等知名童装品牌也已顺利签约。据悉，目前织里中国童装城已有各类童装企业1.26万家，从业人员25万人，年产童装4亿件(套)，规模以上企业152家，超亿元企业25家，2009年销售额突破200亿元，国内市场占有率达30%以上，产品辐射全国110个大中城市，童装产量和市场占有率连续10年保持全国首位，已成为名副其实的全国最大的童装制造业中心。

但近年来，随着电子商务的迅猛发展，童装行业的传统流通模式受到了剧烈冲击，原先各类专业市场所拥有的体制优势、交易优势、成本优势、效能优势也被削弱。如何开拓以电子商务为平台的网络营销已成为当前及今后国内童装企业转型升级的重要课题。

2. 市场策略

(1)实施网上购物，引导消费。面对强大的童装市场消费需求，一种提供快捷、便利、优惠的产品和服务的网络营销方式走进了千家万户。早在1997年，电子商务就已进入服装行业的视线，企业开始关注电子商务这种销售模式和因此带来的巨大市场空间。如今，通过互联网购物已成为一种时尚的消费习惯。同时，网上购物为消费者节省了大量的时间和精力成本。

(2)组建网络营销平台，提高知名度，扩大影响。与此相适应，越来越多的童装企业开始组建公司网站，开发网络营销平台，比如亲亲草、笑笑、金甲等童装批发网。同时，一些专业网站也开始涉足童装销售业务，比如淘宝网、易趣网、童购网等。对企业来讲，组建公司网站，不仅提高了企业的知名度，扩大了企业影响，还能减少店租、工资等成本。

(3)整合资源，打造专业电子商务平台。为避免重复投入和规范网站管理，近年来，各网站资源进行了重新整合。童购网就是一个典型。童购网作为一个新兴的品牌推广阵地，依托强大的织里中国童装城，通过图、文、声动态结合的宣传和服务形式，拓展了童装企业的营销渠道。同时，网络的运营成本相对较低，却能达到全球推广的效果，是企业推广的绝佳选择。目前，童购网已聚集了童装行业大量的生产厂家、代理商和消费者，已成为童装企业展示自己的产品和品牌的全天候“展区”。

(三)主要竞争对手及其优劣势

1. 国际品牌童装网

国际品牌童装网(http://www.66kids.com)是浙江万邦网络旗下的网站，起源于石狮凤里，其前身是石狮点石网络科技有限公司旗下具有五年品牌童装营运经验的中国童装网(http://www.51kid.com)。凤里作为品牌童装基地之一，曾有过辉煌的童装历史。但是由于种种原因及在金融危机的影响下，如今其地位已经被中国织里童装城和佛山童装城超越，失去了昔日的辉煌。国际品牌童装网的推行，就是旨在改变石狮品牌童装的现有局面，使石狮品牌童装焕发昔日的生机与活力。该网站的主要优势是集网络营销、电子商务、网络传播等互联网应用服务的网站；劣势是用国际品牌童装网的声势来做国内童装网络销售，有挂羊头卖狗肉之嫌，同时不在童装城凤里，网速较慢。

2. 衣佳一百童装网购平台

衣佳一百童装网购平台(http://www.ej100.cn)是衣佳科技旗下的网站。衣佳科技前期发展位于经济大省广东，2008年国内总部迁至首都北京。该网站致力于打造中国高档童装网络购物平台。目前已与欧洲顶级精英童装PAMPOLINA、MAULI(意大利)、中国十大名牌叮当猫、美国环保童装大眼蛙、韩国时尚黑白装M&Q、德国运动少年装r100等著名童装品牌达成战略伙伴合作，并已开始向婴童宝宝装、孕婴用品等延伸。该网站的主要优势是有衣佳科技作为技术支撑，许多城市相继成立分公司；劣势是衣佳一百仅是衣佳科技的一个产品，其专业程度很难保证。

3. 中国婴童网

中国婴童网(http://www.baobei360.com)是上海普商信息技术有限公司旗下的网站，专业服务于孕婴童行业，为孕婴童品牌企业进行资讯发布、市场沟通、产品宣传、采购供应、招商代理、加盟合作等一系列品牌发展活动，提供一个高效的宣传平台和通路。网站的优势是提供了资讯和商务两大功能平台；劣势是没有相关的童装产业集群支撑。

(四)营销外部环境分析

1. 经济

全球金融危机后，中国童装消费不降反升，童装成了服装业发展的一个新亮点。近年来，随着全球经济的复苏，童装企业呈现出良好的发展态势和新的生机，行业结构调整步伐加快，区域布局更加协调，全行业资源利用和环境保护意识进一步增强，同时也为网络营销的发展带来了新的机遇。

2. 法律法规

近年来，婴幼儿用品的质量意识越来越高。“婴幼儿服装标准”的颁布实施，提高了童装行业的准入门槛，规范了童装行业的发展。

3. 成本

近年来，随着物价上涨，原材料成本和劳动力用工成本不断提升，童装企业要降低成本，维持正常利润，就必须寻找新的营销模式。网络营销因其方便、快捷、实惠而受到企业的欢迎。

4. 竞争

在传统营销模式中，无序竞争、恶性竞争普遍存在。进入信息化时代，各种童装品牌同台竞技，有很大的市场竞争压力，从而增强了行业自律意识。

5. 技术

童购网的前身是中华童装网，具有较好的技术储备，如今公司又借助本地高校技术力量，提高童购网制作水平，因此在技术方面具有很强的优势。

6. 社会因素

目前，我国已进入第四次生育高峰期，婴童数量剧增，促进了童装消费。另一方面，互联网在我国日益普及，人们的消费习惯和生活节奏也发生了变化，为网络营销的发展创造了良好的外部基础和环境。

(五)内部环境分析

1. 优势

(1)功能全面、性能优异。童购网的前台采用了目前最先进的网络电子商务数据库应用系统，并和后台的电脑化管理系统密切衔接，可快速地发布商品，进行各种网上促销活动。用户可轻松地浏览商品、购买商品、网上支付、查询账户和订单。

(2)拥有完善的结算体系。童购网目前支持现金账户支付、在线支付等多种支付方式，与国内电子商务环境相适应。

(3)拥有完备的物流体系。童购网支持邮递、EMS、快递送货等多种送货方式，可满足用户的不同送货需要。

(4)产品选择丰富。童购网依托童装城1.26万家童装企业，产品十分丰富。

2. 劣势

(1)诚信体系有待加强。网上购物，看不到实物，没有质感，消费者担心商家信誉不好。

(2)购物缺乏生趣。网上购物，面对的是冷冰冰、没有感情的机器，它没有商场里优雅舒适的环境氛围，缺乏三五成群逛街的乐趣，也没有精美的商品可供欣赏。

(3)技术与安全性问题尚待改进。通过电子银行或信用卡支付，一旦密码被人截获，消费者损失将会很大，这也是网络购物发展所必须解决的大难题。当前网络发展水平仍有待加强。

(4)价格问题愈加敏感。网上信息的充分，消费者不必再走东串西地比较价格，而对商家而言，则易引发价格战，使行业的利润率降低，或导致两败俱伤。

(5)广告效果不佳。虽然网络广告具有多媒体的效果，但由于网页上可选择的广告位以及计算机屏幕等限制，其色彩效果不如杂志和电视，声音效果不如电视和广播，创意有很大的局限。

3. 预期变化

随着互联网的日益普及，网民对互联网的依赖程度日益提高，网络营销的发展势头锐不可当。在童装传统营销模式的基础上，通过童购网，导入网络营销，这对童装企业来讲，将又是一次重要的机会。

未来网络营销将朝着以下几个方向进行：

(1)更深入地挖掘客户潜在需求，提供更全面和细致的服务。

(2)推广品牌营销，培养顾客忠诚度。

(3)做好客户的数据库处理，发展良好的顾客关系。

(4)向顾客提供最有价值的产品与服务，创造出新的竞争优势。

二、营销策略

(一)营销目标/预期效果

童购网通过开设网上e店、e铺的形式，全方位、全时空地为织里中国童装城企业及童装经营户提供与海内外经销商、生产商、供应商、物流商进行广泛联系、沟通、交易、合作的“在线服务”和以直营店、加盟店为主的“线下服务”平台，开创了一种全新的“专业市场+网络商铺+实体店”的混合经营模式。

具体目标为：

(1)2010年网上交易销售额突破1亿元，2011年达到3亿元，2012年达到5亿元。网上交易业务与日俱增，网上交易占业务总量的50%以上。

(2)2010年开通直营店5家；2011年开通直营店10家，加盟店5家；2012年开通直营店20家，加盟店10家。

(3)力争经过三到五年的发展，使童购网成为国内童装行业规模最大、影响最广、入驻商户最多、交易金额最高的线上终端交易平台和线下直营店、加盟店推广平台。

(二)目标市场描述

1. 识别特征

可识别的目标人群特征：

(1)愿意通过童购网平台扩大公司宣传，实行网上终端批发交易的童装城厂家、批发商和零售商。

(2)愿意以直营店和加盟店方式经营的批发商和零售商。

(3)年龄段为20—40岁之间，具有一定消费能力，熟悉网络操作的年轻父母和其身边亲朋好友以及追求时尚的年轻一代。

2. 独特的需求、态度和行为

(1)70后、80后年轻父母的消费观念已经发生了变化，不再是逢年过节才给儿童购买新衣，童装需求已成为一种日常消费，而且日趋个性化。随着收入水平的提高，年轻父母愿意增加童装支出，而且对品牌童装需求增加。

(2)批发商和零售商不愿意再以传统的进货方式堆积大量库存，给自己增加风险，而是采取更加灵活的、小批量的进货方式，由此网络营销的优势得以体现。

(3)年轻父母的消费行为发生了改变，容易接受方便、快捷、实惠的网络营销方式。

(三)市场定位

以织里中国童装城为依托，建立一个集童装批发、零售的线上服务平台和一个以直营店、加盟店为载体的经营实体，以童装生产厂家、童装批发商及20—40岁的年轻父母为主要顾客群体，逐步辐射到江、浙、沪乃至其他省市部分二、三线城市。

(四)营销组合描述

1. 产品/服务

童购网以童装城1.26万家童装企业为依托，确保能够在网购平台上提供品种齐全、款式多样，适合经销商、批发商和消费者需求的童装品种。同时，童购网技术成型，并定期组织质量跟踪，提供售后服务，顾客满意度高。

2. 分销

相对于传统的营销渠道，童购网采取更加灵活的分销策略。目前，线上已提供终端批发销售和网上开店的方式，线下提供直营店、加盟店服务。这种分销方式克服了单一网络直销的缺点，成为连接买卖双方的枢纽。同时，终端销售的直营店、加盟店可以送货上门，负责退货或者换货。

3. 定价

童购网处于发展的前期，销售的方式主要以批发为主，营销目标主要在于提高市场的占有率、吸引更多的会员，因此价格相对较低，基本上走的是低廉实惠的价格路线。当童购网日渐成熟后，将采用竞争导向定价与需求弹性定价相结合的定价方式。

4. 促销

童购网的促销模式如图 3-2 所示。

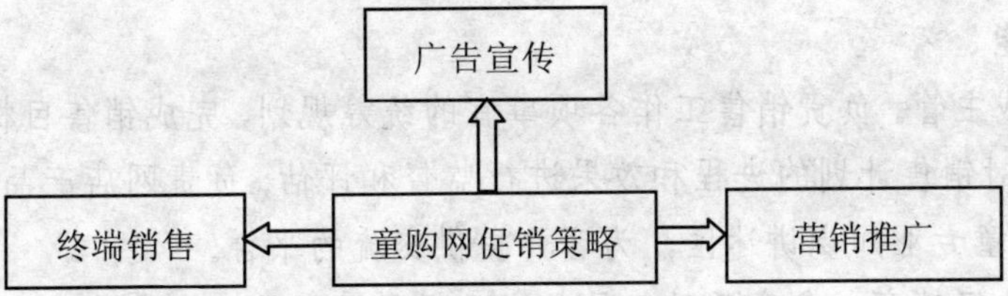

图 3-2 童购网的促销模式

(1)广告宣传。①横幅广告。在网站的上部设置方形横幅广告，使用动画，通过多个画面向消费者传递广告信息(如图 3-3)。②公众宣传。充分利用电视、报纸、杂志等新闻媒体，进行宣传报道，提高企业知名度和信任度。

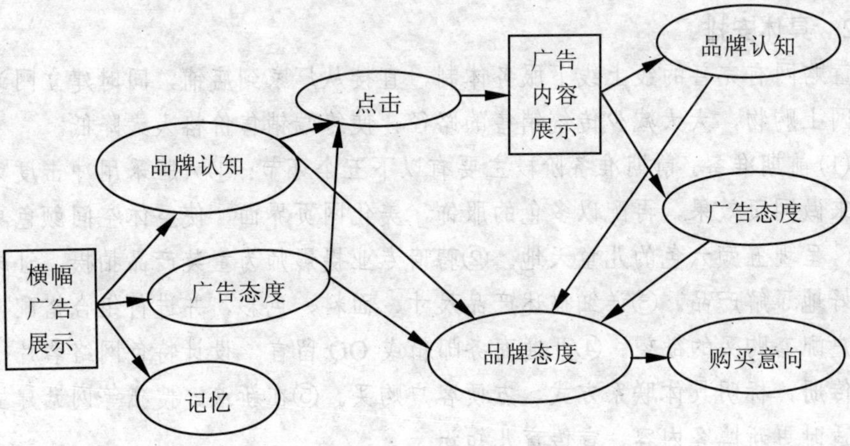

图 3-3 网络横幅广告的信息处理模型

(2)营销推广。童购网实行会员制，客户只要通过填写个人和公司相关信息后，即可在童购网的网站上注册成为会员。会员单位不仅可以方便在线询价，还能享受价格优惠。

(3)终端销售。终端销售模式为网店+邮件、博客+实体店。通过网店开展网上营销，利用邮件、博客传递产品和价格信息，由实体店提供产品，不仅方便、快捷、实惠，而且可增进与顾客之间的互动，提高顾客的忠诚度。

三、行动策划

(一)制定活动步骤

1. 职能

(1)区域主管。负责销售工作各项事宜的统筹规划，完成销售目标和销售策略的制定，对销售计划的进程和效果进行监督和评估；负责网店产品信息更新；网上建立儿童专业知识讲述区，为客户提供交流的平台。

(2)当地经销商。负责活动工具与商品提供及人员工资发放。

(3)业务人员。协助代理商进行销售规划，完成销售目标，监督公司销售政策的执行、落实；落实促销活动的实施和过程控制，并将结果反馈给业务经理和代理商。

(4)零售促销人员。负责促销活动现场的产品促销和宣传；将已订购产品打包、邮寄、派送等业务。

2. 具体安排

童购网有完善的线上线下服务体制，直接从厂家到店铺，同时建立网站，支持网上购物，大大减少传统销售的路径，使终端销售价格大大降低。

(1)前期准备。前期准备阶段主要有以下五个环节：①大胆采用冲击度大的颜色来做网页效果，再配以多色的服饰，美化网页界面，使整体空间颜色更加丰富，呈现五颜六色的儿童天地。②聘请专业摄影师为童装产品拍摄，让顾客能更好地了解产品。③详细描述产品尺寸、面料、色彩，并进行组合搭配，激发客户配套购买的欲望。④开通商务邮箱或QQ留言，设计特色网络名片，印制宣传册，标明具体联系方式，方便客户购买。⑤在新浪、搜狐等网站建立博客，适时更新博客内容，宣传育儿知识。

(2)网店经营活动。网店经营活动包括如下环节：①更新网站资讯，添加新款童装。②利用各大购物网站、时尚网站、门户论坛、百度贴吧等网络宣传渠道，扩大网店宣传。③收集客户资料，及时发布公司促销、折扣等咨询资料。④根据特定的客户群，通过商务邮箱或QQ留言、特色网络名片及散发宣传单的方式，举办童装特卖活动。⑤开展售后服务活动，进行质量跟踪，及时反馈童装销售信息，使消费者买得放心和称心。⑥分门别类处理好客户资料，定期分析客户数据，了解客户情况。

3. 预算

(1)前期(开店前准备)需投入18610元。其中：①选择质优价廉、款式多样、数量充足的品牌童装产品，需投入资金15000元。②经营场地月租金需投入2000元。③宣传资料及名片印制费用，按宣传资料每份成本0.25元计算，印刷1000份，需投入250元；按名片印制每盒30元计算，印制2盒，需投入60元，共需投入310元。④聘请专业产品摄影师为所售商品拍照，需支付费用500元。⑤购买熨斗、计算器、衣架、裤架、包装袋等需支付费用800元。

(2)中期开店后需投入7435元。其中：①网站维护费每月标准为800元。②域名申请年使用费55元。③80M的空间租用年收费80元。④员工工资按每人每月1500元计算，共3名员工，需每月支付4500元。⑤举办童装特卖活动需其他费用2000元。

以上两项总投资额为26045元，开业半年平均月利润2000元，之后为每月平均3000元。

(二)评估流程

1. 成功的依据

通过经销商的销售目标是否完成情况、配货物流量的情况、活动的次数和活动的效果等考核指标评估绩效。

2. 收集成功依据的方法

通过走访客户与零售终端，运用定性与定量等方法收集客户反馈及产品销售数据，然后进行分析评估。

课外实践

对任务一中确定的创业项目，写出创业计划书。

任务五：项目招标合同签订

按照创业实践的思路，高职学生大多数可以依托母体(学校、合作企业等单位)进行项目创业。通过前面的机会识别、项目准备，进入项目招标和协议签订。

签订合同的注意事项有以下几个方面：

1. 合同文本的起草

当谈判双方就交易的主要条款达成一致意见后，就进入合同签约阶段。要起草合同的文本，需要做许多工作，这可以同谈判的准备工作结合起来阐述。例如，在拟定谈判计划时所确定的谈判要点，实际上就是合同的主要条款。起草合同文本，不仅要提出双方协商的合同条款，以及双方应承担的责任、义务，而且我方要对所提出的条款进行全面细致的讨论和研究，明确哪些条款不能让步，哪些条款可作适当让步、让步到什么程度。

2. 明确合同双方当事人的签约资格

合同是具有法律效力的法律文件。因此，签订合同的双方都必须具有签约资格。否则，即使签订合同，也是无效的合同。在签约时，要调查对方的信誉和资产情况，应该要求当事人相互提供有关法律文件，证明其合法资格。

审查对方当事人的签约资格，一定要严肃认真，切不能草率从事。不能轻易相信对方的名片，名片不能代替证书，有的人名片头衔很大，实际上是空的。与外国公司打交道，不要只看母公司的信誉和资产情况，外国企业的母公司对子公司是不负连带责任的。

3. 合同要明确规定双方应承担的义务、违约的责任

许多合同只规定双方交易的主要条款，却忽略了双方各自应尽的责任和义务，特别是违约应承担的责任。这样，无形中等于为双方解除了应负的责任，架空了合同或削减了合同的约束力。还有一种情况是，有些合同条款写得十分含糊笼统，即使规定了双方各自的责任、义务，但如果合同条款不明确，也无法追究违约者的责任。

合同文字如果含糊不清，模棱两可，在执行过程中，往往争议纷纷，扯皮不断，甚至遗患无穷。此外，对合同中的一些关键词句，一定要谨慎推敲，不能含糊迁就，有时仅一字之差，却“失之千里”。

4. 合同中的条款具体详细、协商一致

合同条款太笼统也不利于合同的履行。同时，也应注意合同中的条款不能重复，更不能前后出现矛盾。例如，某企业与外商签订了一份合同，在价格条款中有这样一条规定：“上述价格包括卖方装到船舱的一切费用。”而在交货条款中却又出现了这样的规定:“买方负担装船费用的1/2,凭卖方费用单据支付。”这种前后矛盾的现象，最容易被人钻空子。

合作经营＿＿＿＿＿＿＿＿＿项目招标书暨协议

一、项目名称：

合作经营：＿＿＿＿＿＿＿＿＿＿＿＿＿＿＿＿

项目主办单位(公章)：＿＿＿＿＿＿＿＿＿＿＿

项目主办单位法定代表(签字)：＿＿＿＿＿＿＿＿

项目联系负责人(签字)：＿＿＿＿＿＿＿＿＿＿

二、项目承办各方：

甲方：　　　　　　　　代表：　　　　　　电话：

乙方：　　　　　　　　代表：　　　　　　电话：

三、项目主要内容：

1. 项目名称：＿＿＿＿＿＿＿＿＿＿＿＿＿＿＿＿＿＿＿

2. 项目概况(说明产品用途、特点、档次、市场需求概况等)：

＿＿＿＿＿＿＿＿＿＿＿＿＿＿＿＿＿＿＿＿＿＿＿＿＿＿

＿＿＿＿＿＿＿＿＿＿＿＿＿＿＿＿＿＿＿＿＿＿＿＿＿＿

3. 经营范围：＿＿＿＿＿＿＿＿＿＿＿＿＿＿＿

4. 生产规模：＿＿＿＿＿＿＿＿＿＿＿＿＿＿＿

5. 投资总额：＿＿＿＿＿＿＿＿＿＿＿＿＿＿＿

6. 出资比例及出资方式：

甲方出资＿＿＿元，占资本＿＿＿%，以＿＿＿投入；乙方出资＿＿＿元，占资本＿＿＿%，以＿＿＿投入。

8. 经营期限：＿＿＿＿＿＿＿＿＿＿＿＿＿＿＿

9. 产品销售方案：＿＿＿＿＿＿＿＿＿＿＿＿＿

10. 使用的技术设备：＿＿＿＿＿＿＿＿＿＿＿＿＿＿＿＿

＿＿＿＿＿＿＿＿＿＿＿＿＿＿＿＿＿＿＿＿＿＿＿＿＿＿

11. 利润分配和风险承担：＿＿＿＿＿＿＿＿＿＿＿＿＿＿

＿＿＿＿＿＿＿＿＿＿＿＿＿＿＿＿＿＿＿＿＿＿＿＿＿＿

12. 项目占地面积：＿＿＿＿平方米，其中：房屋占地面积：＿＿＿＿平方米，道路、绿化等场地面积＿＿＿＿平方米：房屋建筑面积＿＿＿＿平方米。

解决办法：＿＿＿＿＿＿＿＿＿＿＿＿＿＿＿＿＿＿＿＿＿

＿＿＿＿＿＿＿＿＿＿＿＿＿＿＿＿＿＿＿＿＿＿＿＿＿＿

13. 企业所需职工：______人。

14. 企业的生产条件：

(1)原辅料来源：______

(2)电：______

(3)水：______

(4)其他：______

15. “三废”情况及处理措施：______

16. 企业地址：______

四、经济效益分析：

(1)年产量：______

(2)年销售额：______

(3)年生产总成本：______

(4)销售利润：______

(5)销售利润率：______

(6)投资回收期：______

五、项目进度安排：______

二O　　年　　月

如有多方参与竞争，可以根据上述合同的主要内容制作招投标书暨可行性研究报告。

课外实践

1. 拟定项目合同文本，签订任务一中确定的创业项目。
2. 未能签订合同者，可拟定其他项目的计划书，加盟其他创业团队。

第四章 创业项目运作与管理

本章提示

与创业公司相比，创业项目比较简单，特别是投融资、人力资源等方面的管理比较简易。但是，创业项目包含了创业的所有过程，创业项目资源准备就绪后，就可以进行创业项目运作，为今后管理一个创业企业积累经验。

一般项目的生命周期分启动、计划、执行、结束。在项目管理中，着重加强主要环节的实践，包括项目的开张运营、客户和业务、项目运营与改善、项目核算与冲突处理等。新项目的开业典礼包含了庆祝、宣传、营销三重含义。教师要参与到创业团队的运作过程中，对计划进行指导，对项目改进进行辅导，对创业过程中存在的冲突进行引导，参与项目总结并提供建议。

项目运营后的学习。经过一定实践锻炼后，团队成员需要根据实践的情况进行理论学习，根据实践进行项目拓展。我们需要在创业项目的创新方法上进行针对性学习；我们还需要在团队合作方面进行训练。

完成创业项目运营中各环节的新行动方案和总结报告。

一个创业项目从概念到完成所经过的各个阶段，一般叫项目的生命周期阶段。项目的性质在每个阶段都会发生变化。由于项目的本质是在规定期限内完成特定的、不可重复的客观目标，因此，所有项目都有开始与结束。创业项目的生命周期可以分为四个阶段：项目立项期、项目启动期、项目发展成熟期以及项目完成期(如图 4-1)。

1. 创业项目立项阶段

在确定一个项目的初期，项目管理层通常热情高涨，但目标却不清晰，因此，在项目生命周期的初始阶段，最关键的工作是明确项目的概念和制订计划，并使之与未来的活动场所相适应。在这个阶段，有以下几个方面需要注意：

(1)组建并整合管理团队；

(2)阐明项目的理念或者方向；

(3)与项目主顾谈判；

(4)制订项目运作计划的步骤。

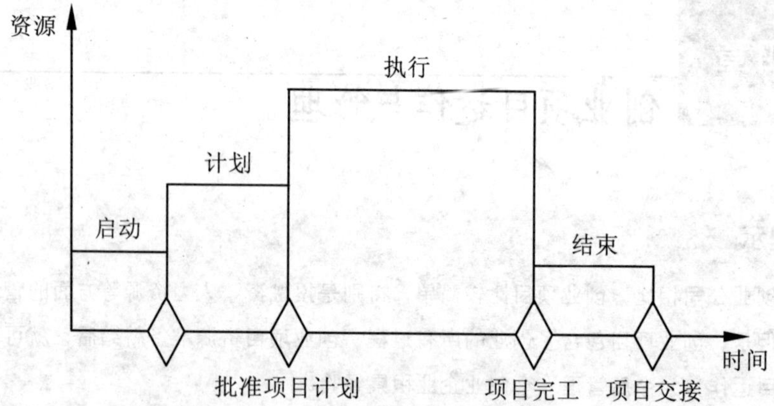

图 4-1 创业项目的生命周期阶段

2. 创业项目启动阶段

在项目启动阶段，项目的规划将逐步成为现实，其中包括一些为了实现项目目标而采取的实际措施与行动。在项目启动阶段，确定项目目标、评估项目前景，以及规划的各种专业团队，都必须与领导项目的团队进行全面合作。在项目的启动阶段，最有可能在各个方面产生矛盾与冲突，会产生许多管理上的挑战。所有团队都必须和项目团队成员以及加入项目的合作方联系在一起。在这个阶段，要注意如下事项：

(1)必须及时传达项目的整体目标和理念，项目的运作计划，项目的角色分工、责任和汇报关系及与项目团队成员和合作方签约情况。

(2)项目启动阶段，要认识到自身的局限，建立备用资源，尽量减少管理的层次和协调职位，做到以人为核心。

3. 项目发展成熟阶段

在每项工作都启动以后，项目的各项工作的进展都会加快。从责任者的角度而言，在这个阶段项目的主角应该是项目团队或个人以及此阶段的合作方。项目管理的重点，也会随着项目从早期成熟阶段，转到更接近项目完成的比较成熟阶段。以下主要讲述几个项目管理的重点。

(1)工作流程。在项目发展成熟阶段，管理工作的重点应该放在工作流程上，而不是项目团队中其他成员的实际工作上。

(2)关键路径。在项目工作网络图中存在一条数学意义明确的关键路径，项目过程中工作上的一些微小延误都会改变关键路径。因此，项目管理层应该随时确认最新的关键路径，并且及时通知项目团队中的每一位成员。

(3)互相合作。每一位项目成员都必须理解合作的价值，而不能“狭隘地维护自己的利益”，互相争夺资源。

(4)关键节点评估。在项目中有许多相互依赖、相互影响的工作，一些工作的结果往往直接影响到下一步的工作。因此，需要对项目工作经常进行评估，标明相应的日期，为项目成员提供清晰的项目工作坐标图，并进行及时、准确的沟通。

4. 项目完成阶段

在项目的这个阶段，需要大量认真的工作，项目管理层应该在项目日常工作中发挥重要的积极作用，即使是参与管理的项目经理在这个阶段都要更加直接地管理项目的各项工作。

因此，在项目完成阶段，项目管理层要面临许多特殊的挑战，这些挑战主要有以下几个方面：

(1)确保每项关键工作顺利完成。项目管理层必须使项目保持在持续运营的状态，在这个阶段，与项目中关键人员和合作方每天开会，甚至一天开两次会，都不是什么新鲜的事情。项目管理层要持续评估项目的运作状况。

(2)避免项目扩展。项目一些工作范围的扩大可能使项目完工期限延长，从而为项目的客户带来许多困难，并且增加项目的成本。因此，项目管理层必须仔细并迅速地开展工作，确保每一个项目成员和合作方都按照明确的既定计划和方式完成各自的工作，并且结束与项目的关系。

(3)帮助相关人员正常退出。帮助项目成员和合作方正常退出项目是一种商业行为，也是一种道德行为。由于项目总是具有一些独有的特征，项目中的一些人员或小组有可能在另一个项目中重新合作共事。回报项目成员所做的努力，以及履行项目中的合同义务，可以在项目各方之间建立长期信任的关系，而且可以顺利完成项目在法律方面的一些要求。

(4)传递学习经验。项目管理层还要承担一项重要义务：将该项目中的经验传递给同类项目的下一代项目管理者。因此，项目管理层的工作重点应该放在项目记录和学习经验的整理方面。

(5)全力关注项目的完成阶段。在项目完成阶段投入大量精力，并且密切关注工作中的细节。因此，项目管理中需要注意的几个方面包括：项目的相同点、项目管理与普通管理的差别、项目管理中常见的错误观点、过分地强调项目计划的重要性的原因、项目管理方式、成功项目管理的基础条件。

任务一：项目开业典礼

经过一个较长时间的酝酿准备阶段，堆在你案头上的是一堆堆的项目文件，包括项目计划书、进度安排表、成本计划书、资金配置表以及项目团队队员的名单等。当然这些并非就是项目的最终目标，也不是市场所期望得到的东西。项目的实施阶段是一个从无到有的实现过程。为了实现项目的目标，管理者需要在项目团队中建立领导地位，制定实施规程和一系列规章制度，只有这样才能保证项目实施的正确方向；为了实现项目的目标，管理者还要调动项目团队的积极性，使队员们以极大的热情投入到项目的执行中。

现在，你手中的项目计划已经得到了确认，项目资金准备就绪，团队队员已经到位，但是，项目应该如何动工？第一步应该做什么？

对于大多数项目，举行一次开张仪式是必要的，这些活动实际上就是项目实施阶段的第一部。项目开张仪式标志着项目的正式运营。

项目开张仪式具有三方面的功能：一是庆祝、鼓舞，以宣告项目的实施；二是宣传，将自己的项目告知社会；三是营销，仪式是营销的一部分，为后期的工作做准备。

当然，开业典礼的形式可以根据项目的大小、特点等进行自由安排和选择。既可以独立举办，也可以邀请项目相关方合作举办；即可以在项目所在区域、市场地举办，也可以另选场地举办；既可以是简单的一次剪彩仪式，也可以是新闻发布会的形式。

制定典礼方案

主办方：　　　　　　　　　　合作方：

1. 基本内容

(1)活动名称

(2)活动目的

(3)参加对象

(4)活动内容

(5)活动场所

(6)典礼时间

2. 物资、交通、食宿安排

(1)物资：场景、会务、宣传等方面需要的物资。

(2)人员：主持人、礼仪、活动团队。

3. 嘉宾邀请

嘉宾邀请，是仪式活动工作中极其重要的一环，邀请的过程就是宣传的过程。为了使仪式活动充分发挥其轰动作用，在邀请嘉宾时必须精心选择对象，设计精美的请柬，提前发出邀请函(重要嘉宾应派专人上门邀请)，把邀请的过程按宣传的过程进行设计。

通常可以按照以下思路进行选择：

(1)项目主管方负责人、项目合作方代表。

(2)客户代表。

(3)分管创业工作领导，与项目业务有关的领导、记者。

4. 庆典宣传

(1)广告宣传：根据项目的营销战略进行宣传。

(2)网络宣传：网络广告、会员加盟等。

(3)活动宣传：促销活动、公益活动等。

5. 典礼工作安排

(1)前期准备：策划草案、确定负责人员、安排宣传广告。

(2)现场布置：会场、主席台、环境的搭建。

(3)活动安排：礼仪、主持人、摄影师、音响师、记者、乐队、表演队。

(4)仪式程序：典礼正式开始(预定)、播放迎宾曲、来宾入座、正式仪式。

6. 后勤保障工作安排

卫生、交通秩序、电工、音响等。

任务二：项目营销与客户拓展

营销是项目顺利进行的必要环节。项目营销要以顾客需求为出发点，以项目的整体观为核心，在外部环境的约束下，把与项目相关的要素视为项目价值传递的有机整体，通过有效分工和最佳组合，合理地管理和组织价值的流动，提供整体效果最优的方案，以达到最大限度地满足顾客需求的目的，并实现项目整体系统利润的最大化。

一、锁定客户

大学生创业项目一般需要与他方合作进行，同时，现代营销观也认为，营销需要从企业、项目、产品的整体进行考虑和策划。因此，大学生创业项目要根据项目特点，分析营销方案如何运用项目合作方的优势和资源，如何兼顾项目合作方的规则和利益。

项目的整体包括：产品、设备、技术、施工和服务等许多环节，其中每一个环节都对项目的整体发生作用和作出相应的贡献。所以，创业项目要确定性质，分析项目是独立进入市场、代理还是配套其他产品进入市场，确定面向的客户，确定与合作的关系(见表 4-1)。

表 4-1　创业项目整体分析表

项目名称	项目性质	与对象和合作共赢赢利模式	面向的客户
	独立产品(业务)进入市场		
	业务代理(连锁经营等)		
	配套其他产品合作进入市场		
	承接其他项目的一个环节		

二、新业务的客户开发

1. 拜访前的准备

了解自己的产品以及产品提供给客户和消费者的利益点。

2. 拜访计划和目标

(1) 根据产品定位选择开发目标。确立现有客户、重点潜力客户、机会客户和一般客户。

(2) 设定拜访客户数、成功拜访目标数。

(3) 合理安排拜访时间。

(4) 有效的执行和反馈总结。

3. 准备拜访工具

(1) 客户资料卡、笔等。

(2) POP 海报和公司宣传资料。

(3) 小礼品。

(4) 备用金。

4. 良好的仪表和灿烂的笑容

(1) 自己或让别人来认识自己的优势和劣势。

(2) 怀着一种愉快且期待的心情开始工作。

接近客户一定不可千篇一律公式化，必须事先有充分准备，针对各类型的客户，采取最适合的接近方式和开场白。

三、创业项目的组合营销管理

企业市场营销可运用的因素包括产品、定价、促销和分销诸因素。这些因素又叫 4P 策略。从营销的四个方面，即产品、价格、地点和促销着手。

(一)产品(Product)

决定你想出售的产品类型、质量、颜色和尺寸等。

产品的概念还包含与产品或服务自身有关的其他属性，如产品的质量、包装、介绍手册、提供的服务、维修和零配件供应等。

(二)价格(Price)

考虑给予顾客的折扣和赊销条件。

制定价格时，必须知道成本、目标顾客群、竞争者的价格。

此外，还要学会如何核算产品和服务的成本；要收集顾客愿意出的价格，列出竞争者的价格，然后确定你认为合适的价格。

(三)地点(Place)

企业设在什么地方。如果你计划开办一家零售店或一家服务企业，地点非常重要，你必须把企业设在离顾客较近的地方，方便顾客来店铺。一般来说，如果你的竞争者离得不远，人们是不会跑很远的路去你的商店的。

而对制造商来说，容易获取原料对他们可能更为重要。这就是说，工厂或车间应该设在离原料供应商较近的地方。低租金对于制造商来说也很重要。

选址也要考虑产品的分销方式和运输。仅仅生产好的产品是不够的，你必须让顾客容易得到你的产品。

(四)促销(Promotion)

促销可以采用推式或拉式策略。推式策略是指利用推销人员与中间商将产品推入促销渠道。拉式策略是指企业针对最后消费者，花费大量的资金从事广告及消费者促销活动，以增进产品的需求。

促销通常有四种方法：广告宣传、人员推销、公共关系和营业推广。

1. 广告宣传

广告是由广告主以付费的方式，运用有关媒体对产品或服务进行介绍。广告具有扩大销售、指导消费、促进生产的作用。可以通过报纸、杂志、广播、电视做广告，也可以通过招贴画、小册子、价格表、名片做广告，还可以运用因特网做广告，但必须充分考虑广告宣传的效果和成本。

2. 人员推销

人员推销是指企业通过派出销售人员与可能成为购买者的人交谈，作口头陈述，说服顾客购买，以促进和扩大销售的一种促销方式。人员推销具有工作弹性大，信息双沟通，便于了解顾客的需求和动机，并及时反馈给企业的特点。推销的基本形式有三种：

(1)上门推销：推销人员主动走访顾客以推销商品。

(2)柜台推销：由营业员接待进入商店的顾客，推销商品。

(3)会议推销：利用各种会议介绍和宣传商品，开展推销活动。

3. 公共关系

公共关系是指企业以公共利益为出发点，通过有效的管理和双向信息沟通，在公众中树立良好的形象和信誉，以赢得组织内外公众的理解和支持的一系列活动。

公共关系促销的方式主要有：创造和利用新闻、举行各种会议、参与社会活动、建设企业文化。

4. 营业推广

营业推广也称销售促进，是指企业运用各种短期诱因，鼓励购买或销售企业产品或服务的促销活动。销售促进的方法灵活多样，主要有以下三类方法：

◆针对消费者的销售促进方式

(1) 样品赠送。是指在新产品上市或商品还不为消费者所认知时，把商品分装成小包装或公开广泛分送，或借助于特定的条件赠送，从而让市场广泛接触商品。

(2) 销售奖励。是指在一段时间内，对购买数量达到一定标准或购买企业指定商品的顾客给予一定的货币或商品奖励，以吸引顾客，扩大销量。

(3) 现场示范。是现场实地介绍商品用途、性能和使用方法，刺激顾客的购买欲望。

(4) 特殊包装。是指利用商品的包装向消费者提供一种附加利益，最终吸引购买的做法。如在包装中附加一张代价券，凭券在以后的购买中给予一定的折扣或金额减免；也可以在习惯使用精装的商品中增加简装或小包装品种；还可在包装内放置彩票，以吸引顾客，扩大销量。

(5) 折价包装。是在商品包装上标明折价率，消费者凡购买这种商品时，可按包装上标明的折价率打折付款。

(6) 赠品。是指通过赠送便宜商品或免费品，以此介绍产品的性能、特点、功效等，这样既可以使顾客得到实惠，又可刺激顾客的购买行为。

(7) 展销会。是指企业通过资助举办产品展销会增强消费者对产品的了解与关注。

(8) 服务促销。是指通过周到的服务使顾客得到实惠，促进销售。

(9) 消费信贷。是指通过赊销等方式向消费者推销商品。采用这种方式，消费者不用支付现金却可购买商品，具体有分期付款、信用卡等形式。

◆针对中间商的销售促进方式

(1) 销售折扣。是指对长期合作或销售努力的中间商给予一定的折扣。销售折扣包括批量折扣、现金折扣和季节折扣。

(2) 资助奖励。是指生产企业为鼓励中间商经营本企业产品，采用资金奖励或补贴形式。其中包括：经销补贴，即当中间商第一批订货或大量订货时，给予购买补贴；展品补贴，即免费赠送橱窗、柜台的陈列样品；此外，还有广告补贴、清货补贴、降价补贴等。

(3) 节日公关。是指在节日来临之际，集中举办各类招待会、免费旅游等活动，邀请中间商参加，以加强彼此的合作。

(4) 业务会议。是指每年在销售旺季来临之前，举行多方参加的购销业务会议，在短期内集中订货，促成大量交易。

(5) 代销。企业的任何商品都可以代销，其中对新产品、进行市场渗透的产品、企业滞销的产品开展代销业务对企业利益最大。代销的形式有两种：一是企业寻找合适的代理商；二是企业委托经销商开展本企业产品销售的代理业务。

◆针对推销人员的销售促进方式

(1) 销售红利。

(2) 推销竞赛。

(3) 特别推销金。是指企业给予推销人员一定的现金、礼品或本企业的产品，以鼓励其努力推销本企业的产品。

对一个创业企业来讲，要实施 4P 组合策略，要考虑一些关键决策内容，见表 4-2。

表 4-2　营销组合的关键决策

营销组合变量	4P 关键决策内容
产品或服务	组件或材料的质量、风格、特征、买卖的特许权、品牌、包装、规格、服务的可获得性、产品保证
定价	质量形象、定价单、数量、折扣、快速支付限额、信用条款、支付期
分销	批发商或零售商的使用、批发商或零售商的类型、分销渠道的数量、分销渠道的长度、地理覆盖区域、存货、交通
促销	媒体的选择、信息、媒体预算、个人销售的角色、销售促销(展示、赠送等)、公众对媒体的兴趣

这些因素的综合运用才能导致持久的良好效果。可是，一些企业却偏执于某些市场神话的传奇，过分迷信某一营销因素，结果，要么是大量投资于该因素后，未见有期望的市场效果，要么在经历了短暂的辉煌后又迅速衰落。以下是一些常见的典型表现。

(1) 基于“只要产品好，不愁卖不掉”这种朴素而传统的思想。这种状况在内地企业或技术出身的经营者身上比较常见。有时，他们这种对产品的过分关注甚至只集中在产品的核心部分上，即迷恋于产品的基本功能、功效和质量上，而对形式产品和延伸产品则不太注重改进。

(2) 对“薄利多销”这一古训的固执认同，使一些企业和经营者忽视了消费者购买动因复杂性的研究，忽视了不同产品的价格弹性和目标市场的价格预期心理，盲目追求低价竞争，经常习惯性地以降低产品售价来压制竞争者，争夺市场。

(3) 坚信市场是广告轰出来的，认为只要有频繁的强力广告覆盖，市场就会启动，产品就会畅销。这种意识和相应的做法在不少企业，尤其是消费品类企业中普遍存在。

(4) 只强调铺货却不去考察产品在终端的实际销售情况，也不去设法促进产品在终端的销售，更不去市场上深入研究产品不能畅销的原因，并对相应的营销因素进行协调和改进。

项目是由多种商品元素复合而成的，其中每一个要素都对最终的产品产生一定的影响，这些要素之间本身只有通过合理的调配和协调才能获得最终的具有一定交付价值的产品，而这个最终产品才真正是顾客所需要的商品。它们当中的任意一项要素或许对顾客都是毫无意义的，但通过一定的流程，就会产生出一个具有整体性的“产品”来。这也是项目有别于有形商品或无形服务之所在。整体营销理论要求营销主体在了解、平衡生产者与消费者各自的需求后，选择合适的宣传推介渠道，为生产者降低成本，为消费者满足需要，强调营销主体要始终把握终极目标，随时理性组合多种可控要素，不要从头到尾始终依靠一种要素。所以，可以设计按不同要素组合和合作方组合的方式进行营销，评估效果(见表 4-3)。

表 4-3　各种要素组合评价表

组合方式	目的	营销活动安排	绩效
要素组合			
合作组合			

四、团队营销和整体营销

(一)团队营销

团队营销理论是基于市场营销的理念，强调营销手段的完整性和营销主体的整体性，尽量为客户创造最大的价值，使客户满意最大化，使企业从中获得长远发展和稳定利润。

1. **团队营销模式的优势**

(1)营销团队的业绩，不仅仅是营销主管非常关注的事，而是团队中每个个体都应自觉关注的事，使团队内个体利益与整体利益一致化。企业引入团队营销模式，可以解决企业内部“互挖墙脚”、外部营销“撞车”的问题。

(2)通过群策群力，调动企业团队所有资源和一切积极因素，从而能更好实现企业的整体目标。企业引入团队营销模式，容易争取到重大项目，试想，当你告诉客户，有一个团队的专业人员为其专门服务，客户会怎么想？同时，也可以处理好重大项目营销分工的问题，比如电脑操作较弱的营销人员可以去专心做好客户联系工作，而专业的数据分析人员去处理数据分析工作。

(3)营销团队中，每个营销个体在向同一个目标前进时，自身的能力建设、学习水平与团队的整体业绩同时提升。企业引入团队营销模式，可以强化员工专业特长，提高团队整体素质，很快适应市场竞争需要。

2. **团队营销的组织结构类型**(见表 4-4)

表 4-4 团队营销的组织结构类型

类型	内涵	适用范围
(1)项目引领型	以项目为目的组成临时性团队，组成时间视项目开发时间而定，项目开发完成后就解散。可称之为“项目引领型”。	“项目引领型”团队比较适合于综合性、临时性的项目营销工作，能够在企业内实现营销人才的自由重组，节约人力资源。
(2)多团队策略型	根据各重点方向成立固定的营销团队组合，组合时间较长久，人员相对比较固定。可称之为“多团队策略型”。例如贺卡营销团队、账单营销团队、集邮品营销团队等。	“多团队策略型”团队比较适合于一个或几个专业性项目营销工作，项目结束后，根据业绩给予相应的奖励，团队依然存在，开展日常营销工作并策划开发下一个项目方案。

3. 团队营销的管理手段

(1) 确立核心的营销管理层。一个营销团队必须有一个核心管理层来领导和指导其运营，而管理层必须具备计划能力、分析能力、执行能力、控制能力，并构筑团队的支撑体系来达到设定的目标业绩，领导层的好坏直接决定团队营销活动能否有效开展。

(2) 建立科学的考核评估体系。考核评估体系是体现营销团队能力的指标体系，是衡量业绩赢亏的有效手段。

一是建立激励措施和按劳分配机制。企业可根据员工的能力、努力程度给予不同奖励，使团队内所有员工分享劳动成果。奖励向关键岗位和优秀人才倾斜，以收入差距体现劳动"公平"。这有助于增强团队的向心力和员工的主动性，避免不必要的猜忌，使员工感受到自己在团队中的重要性，增强其自信心。

二是建立竞争和淘汰机制。企业可以根据项目发展的需要设置不同的岗位，界定清晰的职能范围，实行业绩通报制度，把团队内每一位员工的工作进度定期通报，激发所有员工的工作积极性。

(3) 努力使团队内各分工协调一致。企业在开展团队营销时，应遵循两个原则：

一是协调分配资源原则。团队的人、财、物等发展资源是有限的，进行资源的优化配置，才能达到最大限度地利用资源和赢得市场的目的。

二是共同协作，相互受益原则。团队内部各工种加强沟通、相互配合有助于彼此的共同发展；反之，相互推诿，或者封闭消息，将带来重复劳动，加大信息成本，从而造成效率低下。

团队营销强调整体的利益和目标，强调组织的凝聚力，管理者为员工创造积极、高效的工作环境，团队中的每一个人围绕共同的目标齐心协力，同舟共济，发挥最大潜能。所有部门和员工协调一致，发挥市场调研、产品设计、营销推广等策略的整体效应，与客户建立良好关系，团队营销才会变得卓有成效。

(二)整体营销

1992 年，市场营销学界权威菲利普·科特勒提出整体营销的概念。所谓"整体营销"，是指公司营销活动应该包括内外部环境的所有重要行为对象。具体为供应商、分销商、最终顾客、职员、财务公司、政府、同盟者、竞争者、传媒和一般大众。其中前 4 个行为对象构成微观环境，后 6 个行为对象体现宏观环境。整体营销强调营销活动不能局限于部分行为对象，强调营销活动要拓宽空间视野。

整体营销的具体内容如下所述。

1. 供应商营销

对于供应商，传统的做法是选择若干数目的供应商并促使他们相互竞争。比如，从供应商 A，B，C，……那里分别采购所需货物的 50%，25%，12.5%，……，以迫使他们利用价格折扣尽量提高自己的供货份额。

开展“供应商营销”，主要包括两方面的内容：

(1)确定严格的资格标准以选择优秀的供应商，这些标准可以包括技术水平、财务状况、革新能力、质量观念等。

(2)积极争取、“追逐”那些成绩卓著的供应商使其成为自己的合作者。因这种营销活动与商品流动方向是相反的，故也称为“反向营销”。

2. 分销商营销

对许多制造商而言，分销商营销正变得比最终顾客营销更重要。在食品、保健品、个人电脑等领域这种趋势表现得尤为明显，大零售商事实上控制了最终顾客。有资料表明，美国的制造商至少将 70%的促销费用于争取零售商的“优待”上。因此，制造商必须开展分销商营销，以获取他们主动或被动的支持。

(1)“正面营销”，即与分销商展开直接交流与合作，例如著名的宝洁公司就将 12 人长期派驻沃玛奇(美国某零售商)总部，进行长期合作。

(2)“侧面营销”，即公司设法绕开分销商的主观偏好，而以密集广告、质量改进等手段建立并维持巩固的顾客偏好，从而迫使分销商购买该品牌产品。

3. 最终顾客营销

最终顾客营销是指公司通过市场调查，确认并服务于某一特定的目标顾客群的活动过程。在此方面，营销研究人员已经具备相当复杂的技术手段，并建立了顾客品牌偏好和行为选择的数学模型，以寻求满足目标顾客群的最佳途径。

4. 职员营销

对一个股份制公司而言，它的经营宗旨应当是使职员、顾客、股东均表示满意，而首要的是让职员满意。只要职员心情舒畅、工作积极、服务周到，就能令顾客满意，满意的顾客一定会再次光顾，由此带来的利润上涨就可增加股东的收益，令股东满意。

5. 财务公司市场营销

财务公司提供一种关键性的专门资源——资金，因而财务公司营销至关重要。虽然财务工作要求实事求是，避免任何有投机嫌疑的营销行为，但财务经理应该意识到现代营销活动已不限于营销部门的专职，而要求各部门通力合作，所以在合理范围内，自己应对财务公司营销负有大部分责任。

6. **政府营销**

所有公司的经济行为都必然受制于一系列由政府颁布的法律。面对政府立法的制约，美国的大公司一般都开展政府营销。他们聘用那些能对立法机关施加重要影响的社会活动家四处游说，以促使制定于已有利的法律法规，消除不利的法律法规。这些社会活动家类似杰出的职业营销者，他们向立法机关提交真实的材料和报告，向其证实有必要在立法中更多地考虑该行业甚至该公司的利益；另外，他们明白立法者对名誉、权力、选票的需求并尽量给予满足。政府营销会产生正、负两方面的效用。

7. **同盟者营销**

因为市场在全球范围的扩展，寻求同盟者对公司来说日益重要。同盟者一般与公司组成松散的联盟，在设计、生产、营销等领域为公司的扩张提供帮助，并建立互惠互利的合作关系。如何识别、赢得并维持同盟者是同盟者营销需要解决的问题。潜在的同盟者不计其数，但他们的实力、需求及文化特征各不相同，公司必须根据自身的实际资源状况和经营目标加以选择，一旦确定，就设法吸引他们参与合作，并在合作过程中不断加以激励，以取得最大的合作效益。

8. **竞争者营销**

通常的看法认为，竞争者只是与自己争夺市场和赢利的对手。事实上，只要“管理”得当，竞争者可以转变为合作者。这种对竞争者施以管理，以形成最佳竞争格局、取得最大竞争收益的过程就可视为“竞争者营销”。在许多行业都是市场领导者定价，竞争者相随。为了避免两败俱伤的“流血冲突”，引导者可以向竞争者暗示他最好并且只能采用何种竞争策略。

9. **传媒营销**

大众传媒，如广播、报刊、电视等直接影响公司的大众形象和声誉，公司甚至得受它的摆布。传媒营销的目的在于利用传媒做有利的宣传，尽量淡化不利的宣传。为此，首先要明白传媒对“故事”的需求及接近公司高级主管的必要性。在此前提下，一方面委托公关机构致力于与记者建立良好关系；另一方面公司的发言人要认真对待传媒的提问，尽量作准确、清晰的回答，以赢得他们的信任和好感。

10. **大众营销**

公司的环境行为者中最后一项是大众。大众看法对公司的生存与发展有至关重要的影响。为了获得大众的喜爱，公司必须广泛搜集公众意见，确定他们关注的焦点，并有针对性地设计一些方案，加强与公众的交流。

以上简要介绍了公司针对其环境中的所有重要行为者开展的10种营销活动，作为对“整体营销”的具体阐述。可以看出，贯穿始终的主要思想是“合作”。对大学生创业者来讲，尽管其中的一些营销策略无法做到，但整体营销的内涵却十分重要，是项目能否成功营销的重要标志。

课外实践

1. 选择一家你熟悉的企业，分析该企业的营销组合策略，分析其合理、有效的做法以及不够完善的地方。

(1)准备你的市场营销计划——产品

表4-5 营销产品性能

产品或服务 / 主要内容	(1)	(2)	(3)
质量			
颜色			
规格			
安全			
包装			
服务			

(2)准备你的市场营销计划——价格

表 4-6　营销产品价格

产品或服务 主要内容	(1)	(2)	(3)
竞争者的平均价格			
我的预测成本			
我的价格			
定价的理由			
给谁折扣			
向谁赊销			

(3)准备你的市场营销计划——地点

表 4-7　营销产品地点

地　址	面积(平方米)	租金或建筑成本

选择该地址的主要原因:

销售方式(选择一项并打√):

将把产品或服务销售或提供给: □最终消费者　□零售商　□批发商

选择该销售方式的原因:

(4)准备你的市场营销计划——促销

表 4-8　营销产品促销

促销目标	促销时间	促销地点	促销方法	费用预算

2. 召开一次团队会议，邀请辅导老师参加，讨论创业项目营销与客户拓展，形成行动方案。

任务三：项目改进

创业项目运营管理，是项目顺利运营和进一步发展的基础。创业项目运营管理要以市场需求为导向，以调动团队全体成员积极性和创造力为重点，通过制度建设和管理实践，合理地组织项目运营，开展创新实践，使创业实践更有持久力。项目运营管理内容丰富，包括创意与技术管理、营销管理、成本与财务管理、供应链管理、人员管理，等等。管理方法也很多，包括信息沟通、工作会议、专项评估、分配安排，等等。

创业项目运营管理，重点通过团队工作会议，推进各项管理工作。会前对各项工作进行总结与学习，根据会议内容确定主持人，根据分工不同填写表 4-9 的部分或全部内容，准备好有关依据性材料，会议结束形成纪要。邀请指导教师参加工作会议。

项目运营管理的核心就是利用团队的力量对业务进行改进。根据表 4-9 的工作现状与改进要求，举例说明。

表 4-9　项目改进意见表

工作现状与改进	当前状况	可借鉴的案例、理论	新(改进后)方案
1. 产品(服务项目)概念、内涵、外观的改善			
2. 技术上改进，提升产品功能并超越竞争对手			
3. 改善产品概念、内涵后，营销方法的改进(或增加新的市场)			
4. 改进组织流程，降低团队内协调成本和生产成本			
5. 改进管理创新，减少项目扩张过程中日益增加的市场交易成本			

围绕表 4-9 的分析内容，撰写一份项目阶段性发展报告。

一般来说，项目发展报告分为如下五个部分：

项目经理总结：简短概括项目在报告期内的背景、主要工作内容。

项目发展情况：报告期内项目计划完成的总体情况及销售、利润等指标完成情况和趋势分析；按照工作内容的组成部分评价成绩和问题；分析财务状况。

成绩和问题分析：对团队队员个人的工作业绩进行评价，提出需要改进的地方，建议如何进行改进。

分配方案：对团队队员个人的工作业绩进行评价，提出分配原则和方法。

下一步行动计划：在前期总结的基础上，制定改进方案。

课外实践

1. 选择一家同类型企业，追踪企业项目运营情况，分析其合理、有效的做法以及不够完善的地方。

2. 针对创业项目的实际情况，梳理出需要改进的内容，召开一次团队会议，邀请辅导老师参加，讨论项目如何改进，并形成改进方案。

任务四：项目冲突管理

项目冲突是组织冲突的一种特定表现形态，是项目内部或外部某些关系难以协调而导致的矛盾激化和行为对抗。这种矛盾激化和行为对抗既有人员之间可能存在的冲突，也有销售、财务、合同方面潜在的危机。

一般来说，项目冲突主要有如下七种类型：

1. 人力资源的冲突

对有来自其他职能部门或参谋部门人员的项目团队而言，围绕着用人问题，会产生冲突。当人员支配权在职能部门或参谋部门的领导手中时，双方会在如何使用这些队员上存在冲突。

2. 成本费用的冲突

成本费用冲突指往往在费用如何分配上产生冲突。例如，项目经理分配给各职能部门的资金总被认为相对于预算而言是不足的，工作包 1 的负责人认为该工作包中预算过小，而工作包 2 的预算过大。

3. 技术的冲突

在面向技术的项目中，在技术质量、技术性能要求、技术权衡以及实现性能的手段上都会发生冲突，如客户认为应该采用最先进的技术方案，而项目团队则认为采用成熟的技术更为稳妥。

4. 管理程序上的冲突

许多冲突来源于项目应该如何管理，也就是项目经理的报告工作程序、责任界定、界面关系、项目工作范围、运营要求、实施的计划、与其他组织协商的工作协议，以及管理支持程序等。

5. 项目优先权的冲突

项目参加者经常对实现项目目标应该执行的工作活动和任务的次序关系有不同的看法。优先权冲突不仅发生在项目班子与其他合作队伍之间，在项目班子内部也会经常发生。

6. 项目进度的冲突

围绕项目工作任务(或工作活动)的时间确定次序安排和进度计划也会产生冲突。

7. 项目成员个性的冲突

这种冲突经常集中于个人的价值观、判断事物的标准等差别上，这并非是技术上的问题。冲突往往源于团队队员经常地“以自我为中心”。

从冲突对项目的影响看，通常可分为建设性冲突和破坏性冲突。在创业项目的运作与管理过程中，我们要制造建设性冲突，避免破坏性冲突。因此，面对项目冲突，要采取如下应对措施(图 4-2)：

1. 回避和冷处理

管理者对所有冲突不应一视同仁。当冲突微不足道、不值得花费大量时间和精力去解决时，回避是一种巧妙而有效的策略。通过回避琐碎的冲突，管理者可以提高整体的管理效率。尤其当冲突各方情绪过于激动，需要时间使他们恢复平静时，或者立即采取行动所带来的负面效果可能超过解决冲突所获得的利益时，采取冷处理是一种明智的策略。

2. 强调共同的战略目标

共同的战略目标的作用在于使冲突各方感到使命感和向心力，意识到任何一方单凭自己的资源和力量无法实现目标，只有在全体成员通力协作下才能取得成功。在这种情况下，冲突各方可能会为这个共同的战略目标相互谦让或做出牺牲，避免冲突的发生。

3. 制度的建立和执行

制度的存在虽然让许多人觉得受到约束，但它是一条警戒线，足以规范成员的行为。因此应制定一套切实可行的制度，使企业成员的行为纳入到制度的规范范围，靠法治而不是人治来回避和降低冲突。

4. 各方妥协

所谓妥协就是在彼此之间的看法、观点的交集基础上，建立共识，彼此都做出一定的让步，达到各方都有所赢、有所输的目的。当冲突双方势均力敌或焦点问题纷繁复杂时，妥协是避免冲突、达成一致的有效策略。

5. 强制执行

这是同妥协相对立的解决方式，当管理者需要对重大事件做出迅速处理时，或者需要采取不同寻常的行动而无法顾及其他因素时，以牺牲某些利益来保证决策效率也是解决冲突的途径之一。

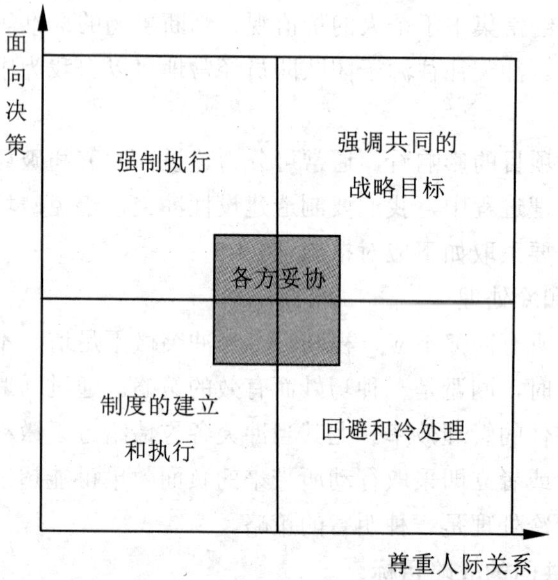

图 4-2 冲突的五种处理方式

因此，在创业项目的冲突管理中，要根据情况进行判断和处理(表 4-10)。

表 4-10 项目冲突管理记录表

	内容	应对措施	改进建议
1. 冲突	成员个性冲突；工作冲突；分配冲突；客户与成员冲突等		
2. 合同风险	销售渠道；质量风险；应收款风险等		
3. 财务风险	资金周转；亏损等		
4. 项目终止	项目按计划完成，自行终止；项目难于运营，被迫终止等		

课外实践

需要时召开团队会议，邀请辅导老师参加，讨论调整、合并、终止方案。

任务五：创业项目运营总结报告

创业项目经过一定时间的运营后，需要进行总结。如果项目不再继续，则要进行调整、合并和终止；如果继续进行，则要考虑成立自己的创业公司，或进一步学习提高后再进行创业安排。

项目运营总结报告主要包括以下内容：

(1)项目立项的背景，包括项目设置的原因、项目技术发展形势分析、立项的意义及重要性等。

(2)项目主要任务完成情况：实施的过程情况，包括技术研究开发情况，技术方案的实施情况及技术、经济指标完成情况等；项目实施的亮点及创新点。

(3)项目实施的经济、社会效益及取得的知识产权、成果情况。

(4)项目资金筹措与经费管理情况。

(5)主要成功经验与做法。

(6)存在问题与建议。

(7)其他有关附件，如项目查新报告、产品检测报告、项目实施所获得的知识产权及技术成果证明等。

课外实践

以创业项目为单位，进行创业项目运作与管理总结，形成书面报告。

第三篇

公司治理

第五章 创业公司的设立与管理

本章提示

经过创业项目的运作与管理，接下来要做的事是如何设立创业公司。前面已经讲述了创业公司的核心内容——创业项目，本章主要介绍创业公司注册登记以及注册登记完成后的运作与管理。要成立新公司，需要做好一系列准备工作。创业公司的设立，一般要分这样几个环节：一是要制定一份创业计划书；二是要根据创业计划书，完成公司登记注册；三是完成公司登记注册后，对创业公司开展有效管理。

本章对建立一个新企业、收购现有企业、特许经营等市场进入模式进行了介绍，要求学生制定创业公司客户的再拓展、供应商选择、公司治理等方案。

创业之路并非坦途。如何创业？如何选择自己的发展方向？如何应对创业中的各种问题？这是每个创业者都将面临的问题。对高职学生来说，在创业之前，一定要先搞清楚自己创业的动机，并认真思考：

(1)市场是否需要我们的产品？

(2)我们是否拥有有能力的团队？

(3)产品和技术上是否存在进入市场的难度？

(4)客户是否会购买我们的产品？

应该说，经过前期创业项目的运作与管理，已经完成了项目的技术和市场论证，明确了主营业务，拓宽了创业思路，并积累了一定的创业实践经验，接下来要做的就是选择一种创业方式进行创业。一般来说，选择创业的方式有如下两种：一种是成立个体工商户、个人独资企业、合伙企业，另一种是组建有限责任公司或股份有限公司。高职学生不管选择哪种形式进行创业，首先是要明确审批部门，比如选择汽车维修进行创业，先要到汽车维修行业管理处审批；

选择食品的生产、销售进行创业，先要到防疫部门审批；选择经济信息、房产信息咨询，或者广告经营、商标印刷等进行创业，先要到工商局审批；选择计算机网络服务进行创业，先要到公安局审批等等。

通过了审批，再到工商管理部门登记注册。对不同的创业方式，要遵循相应的审批流程。完成公司登记注册后，接下来要做的就是创业管理。我们知道，创业管理不同于传统管理(如图 5-1)。创业管理更倾向于最初的发现、机会的提炼及市场的形成；而传统管理则主要关注资源获取、协调新资源及已有资源的整合。

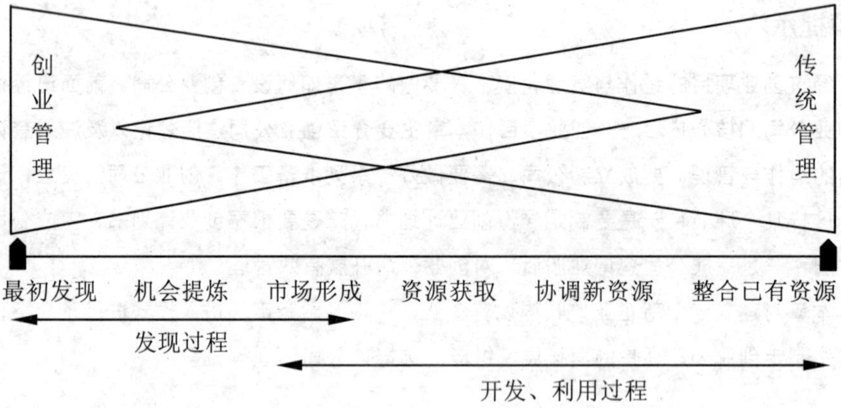

资料来源：Per Davidsson and the PEG Research Team, 2000.

图 5-1　创业管理与传统管理的关系

近年来，随着创业管理研究的深入，专家学者提出了许多非常有价值的创业管理概念、框架和模型。比如 1985 年卡特纳提出了个人、组织、创立过程和环境的创业管理模式；1997 年威廉在卡特纳概念框架的基础上，提出了由人、机会、环境、风险和报酬等要素构成的创业管理概念框架；1999 年蒂蒙斯提出了机会、创业团队和资源的创业管理理论模型；2000 年克里斯蒂安提出了创业家与新事业之间的互动模型，强调创立新事业随时间而变化的创业流程管理和影响创业活动的外部环境网络是创业管理的核心。

对高职学生来说，在初创企业时，主要是要抓好人力和财力两个方面的管理。人力资源管理方面，要抓好团队建设，明确各自的分工与职责，并制定相应的考勤制度、奖惩条例、薪资方案。财力管理方面，主要是要确保有足够的现金流，并要制定合适的报销制度、现金流量，制定预算、核算和控制成本等制度。具体操作中，要遵循如下规定：一是明确企业的远景和发展目标，并将企业的远景和目标具体化，与员工达成共识，减少管理和运作上的摩擦。二是明确“谁听谁的”和“什么事情谁做主”，并用书面的正式文件规定下来。三是增加团队凝聚力，定期交换意见，讨论诸如产品研发、竞争对手、内部效率、财务状况等与公司经营策略相关的问题。四是制定并尽量遵守既定的管理制度。五是加强沟通，坚持开诚布公、实事求是的做事原则与方式。六是控制资金的使用情况，分清哪些钱是非花不可的，哪些是可以稍后再花的，哪些花费是特殊情况下才需要的，要尽量避免出现坏账，或出现流动资金短缺等问题。

创业公司的成立与管理是高职学生实现从项目运作向公司治理转变的重要标志。在这个阶段，高职学生已经具备独立创业的能力与条件，需要从准备成立公司、选择市场进入模式、拓展客户及治理公司入手，进行创业。

任务一：公司成立准备

要成立新公司，并不是想象中那么简单，需要做好一系列准备工作。这些准备工作主要包括：

1. 企业名称登记

“企业名称登记管理规定”及其实施办法，对企业名称有以下规定：

(1) 企业只准使用一个名称，在登记管理辖区内不得与已登记注册的同行业企业名称相同或者近似。

(2) 企业名称应当由以下几部分依次组成：字号(或者商号)、行业或者经营特点、组织形式。

(3) 除经国家工商行政管理总局核准，在名称中使用中国、中华或国际字词的企业，历史悠久、字号驰名的企业，或外商投资企业外，企业名称应当冠以企业所在地省(自治区、直辖市)，或市(州)，或县(直辖区)行政区划名称。

(4) 有损于国家、社会公共利益的，可能对公众造成欺骗或者误解的，外国国家(地区)名称、国际组织名称，政党名称、党政军机关名称、群众组织名称、社会团体名称及部队番号，汉语拼音字母、数字及其他法律、行政法规规定禁止的，均不能在企业名称中出现。

(5) 企业可以选择字号。

(6)除国务院决定设立的企业外，企业名称不得冠以中国、中华、国家、国际等字样，在企业名称中使用这些字的，要做好限定语。使用外国(地区)出资企业字号的外商独资企业，可以在名称中间使用中国字样。

(7)控股企业名称可将行政区划放在字号之后，也可以不用行政区划名称。

(8)国务院批准的、国家工商行政管理局登记注册的，注册资本不少于5000万元人民币的，或者国家工商行政管理总局另有规定的，可以在企业名称中不含行政区划。

2. 登记注册前的准备工作

对大学生创业来讲，登记注册前要做好很多准备工作。以创办合伙企业为例，企业登记注册前的准备工作主要有：

(1)有2个以上合伙人，并且都是依法承担无限责任者；

(2)有书面合伙协议；

(3)有各合伙人实际缴付的出资；

(4)有合伙企业的名称；

(5)有经营场所和从事合伙经营的必要条件；

(6)合伙人应当为具有完全民事行为能力的自然人；

(7)法律、行政法规禁止从事赢利性活动的人，不得成为合伙企业的合伙人；

(8)附加条件。

完成了各项准备工作后，接下来要做的就是企业的工商登记注册。企业工商登记注册的基本步骤主要有：

(1)企业营业执照上只准标明一个企业名称。

(2)设立公司应当申请名称预先核准。

(3)公司名称核准要先提交公司名称预先核准申请书。

(4)工商行政管理机关应当自受理之日起10日内对申请预先核准的企业名称做出核准或者驳回的决定。

(5)企业名称预先核准与企业登记注册不在同一工商行政管理机关办理的，登记机关应当自企业登记注册之日起30天内，将有关登记情况送核准企业名称的工商行政管理机关备案。

3. 选择创立企业的法律形式

我国民营企业的主要法律形态如下：股份有限公司、有限责任公司、外资企业、中外合资企业、中外合作企业、乡镇企业、股份合作制企业、合伙企业、个人独资企业、个体工商户、农村承包经营户等。

不同的企业法律形态有不同的要求，从而对企业产生诸多影响，这些影响包括：开办和注册企业的成本、开办企业手续的难易程度、业主的风险责任、寻找合伙人的可能性、企业的决策程序、企业的利润分配。

不同的企业法律形态有各自的特点(详见表 5-1)，了解它们，有助于你为自己的企业选择适当的法律形态。

表 5-1　企业的法律形态及特点

	业主数量和注册资本	成立条件	经营特征	利润分配和债务责任
个体工商户	*业主是一个人或家庭 *无资本数量限制	*成立条件简单，业主只要有相应的经营资金和经营场所就可以了 *个体工商户可以起字号	*资产属于私人所有，自己既是所有者，又是劳动者和管理者	*利润归个人或家庭所有 *由个人经营的，以其个人资产对企业的债务承担无限责任 *由家庭经营的，以家庭财产承担无限责任
个人独资企业	*业主是一个人 *无资本数量限制	*投资人是一个自然人 *有合法的企业名称 *有投资人申报的出资 *有固定的生产经营场所和必要的生产经营条件 *有必要的从业人员	*财产为投资人个人所有，业主既是投资者，又是经营管理者	*利润归个人所有 *投资人以其个人资产对企业债务承担无限责任
合伙企业	*业主两个人以上 *无资本数量限制	*有两个以上的合伙人，并且都依法承担无限责任 *有书面合伙协议 *有合伙人的实际出资 *有合伙企业的名称 *有经营场所和从事合伙经营的必要条件	*依照合伙协议，共同出资，合伙经营，共享收益，共担风险	*合伙人按照合伙人协议分配利润，并共同对企业债务承担无限连带责任

(续表)

	业主数量和注册资本	成立条件	经营特征	利润分配和债务责任
有限责任公司	*由两个以上五十个以下的股东组成 *注册资本因不同经营内容有法定下限	*股东符合法定人数 *股东出资达到法定资本最低限额 *股东共同制定公司章程 *有公司的名称，建立符合有限责任公司要求的组织机构 *有固定的生产经营场所和必要的生产经营条件	*公司设立股东会、董事会和监事会，并由董事会聘请职业经理管理公司经营业务	*股东按出资比例分配利润，并以出资额为限承担有限责任
股份合作制企业	*股东包括全体企业成员 *无资本数量限制（有地方规定的例外）	*无具体规定	*企业成员入股，一般实行全员入股 *建立资本金制度 *职工既是参股人，又是劳动者	*股东按出资比例分配利润，并以出资额为限承担责任
中外合作经营企业	*投资人至少包括一个中方投资者和一个外方投资者 *无特殊的注册资本限制。是有限责任公司形式的，注册资本按有限责任公司的规定执行	*申请设立合作企业，应当将中外合作者签订的协议、合同、章程等文件报请国务院对外经济贸易主管部门和地方政府审查批准 *无具体人数和注册资本限制	*企业设董事会或者联合管理机构，依照合作企业合同或者章程规定，决定合作企业的重大问题。中外合作者的一方担任董事长或主任，由另一方担任副董事长或副主任	*中外合作经营企业按照合作合同分配利润，并以其全部资产承担债务责任
中外合资经营企业	*投资人至少包括一个中方投资者和一个外方投资者 *属于有限责任公司形式，注册资本按有限责任公司的规定执行	*申请设立合资企业，应当将中外合资者签订的协议、合同、章程等文件报请国务院对外经济贸易主管部门或者国务院授权的部门和地方政府审核批准，并符合有限责任公司的设立条件 *外国合营者的投资比例一般不低于25%	*合营企业设董事会，人数由投资各方协商。中外合作者的一方担任董事长，由另一方担任副董事长。正副总经理由合营各方分别担任	*股东按出资比例分配利润，并以出资额为限承担有限责任

课外实践

表 5-2　选择你企业的法律形态

1. 你企业的法律形态是：		
2. 选择这种法律形态的原因：		
3. 业主姓名：		
4. 业主技能说明：		
5. 登记注册		
机　构	时　间	费　用

任务二：新企业的市场进入模式

当一个创业者看好一个市场或商品领域并确定要进入该市场后，他所面临的下一个至关重要决策就是制定并选择相应的市场进入路径。

新企业的市场进入是一个复杂的过程，要按照法律规定的条件和程序组建。尤其是股份有限公司的创设更复杂，从发起人订立协议、制定章程、确定股东及出资、招投认股、召开创立会到法人登记等，是一个遇到的困难和出现的问题又多又复杂的过程。目前，在我国，新创企业的主要方式有：个人独资企业、合伙企业、有限责任公司(包括一人有限责任公司)和股份有限公司。对新创企业来讲，创业者进入市场的路径主要有以下三种。

一、建立一个全新的企业

(一)个体工商户注册流程

依照“城乡个体工商户登记管理暂行条例”等法律、法规和规章的规定，办理各类个体工商户登记注册，凡手续完备、证件齐全、符合法定条件的，自受理之日起在以下期限内办理完毕：

(1)名称预先登记，3个工作日；

(2)个体工商户开业、变更、注销登记，15个工作日。

登记需要提交的文件：

1. 申请个体工商户名称预先登记应提交的文件、证件

(1)申请人的身份证明或由申请人委托的有关证明；

(2)个体工商户名称预先登记申请书；

(3)法规、规章和政策规定应提交的其他文件、证明。

2. 申请个体工商户开业登记应提交的文件、证件

(1)申请人签署的个体开业登记申请书(填写个体工商户申请开业登记表)；

(2)从业人员证明(各地可能有各地不同的要求)；

(3)经营场地证明；

(4)个人合伙经营的合伙协议书；

(5)家庭经营的家庭人员的关系证明；

(6)名称预先核准通知书；

(7)法规、规章和政策规定应提交的有关专项证明。

(二)个人独资企业的注册

独资企业，是指依照《中华人民共和国个人独资企业法》在中国境内设立，由一个自然人投资，财产为投资人个人所有，投资人以其个人财产对企业债务承担无限责任的经营实体。

对注册资金实行申报制，没有最低限额基本要求：

(1)投资人为一个自然人；

(2)有合法的企业名称；

(3)有投资人申报的出资；

(4)有固定的生产经营场所和必要的生产经营条件；

(5)有必要的从业人员。

独资企业设立登记的步骤和手续：

1. 领表

申请人向拟设立企业所在地工商行政管理机关领取“私营企业申请开业登记注册书”和“私营企业负责人履历表”。

2. 提交材料

(1)投资人签署的个人独资企业设立申请书；

设立申请书应当载明下列事项：企业的名称和住所、投资人的姓名和居所、投资人的出资额和出资方式、经营范围及方式。

个人独资企业投资人以个人财产出资或者以其家庭共有财产作为个人出资的，应当在设立申请中予以明确。

(2)投资人身份证明；

(3)企业住所证明；

(4)国家工商行政管理总局规定提交的其他材料。

从事法律、行政法规规定须报经有关部门审批的业务的，应提交有关部门的批准文件。

(5)委托代理人申请设立登记的，应当提交投资人委托书和代理人的身份证明或者资格证明。

3. 受理审查

登记机关在收齐申请人应提交的上述材料后，发给申请人“申请登记提交材料收据”。登记机关应当自受理之日起30日内作出核准或驳回的审核决定。

4. 查询结果

申请人按照“申请登记提交材料收据”的说明，查询申办结果。

5. 领照或领取登记驳回通知书

如果设立登记申请被核准，申请人凭“申请提交材料收据”前去办理领取“营业执照”手续；如果设立登记申请被驳回，申请人凭“申请提交材料收据”办理领取“登记申请驳回通知书”。

(三)合伙企业的注册

合伙企业为两个或两个以上自然人投资。

与个人独资企业相比较，合伙企业有很多的优势，主要是可以从众多的合伙人处筹集资本，合伙人共同偿还债务，减少了银行贷款的风险，使企业的筹资能力有所提高，同时，合伙人对企业赢亏负有完全责任，有助于提高企业的信誉。

对注册资金实行申报制，没有最低限额基本要求：

(1)有2个以上合伙人，并且都是依法承担无限责任者；

(2)有书面合伙协议；

(3)有各合伙人实际缴付的出资；

(4)有合伙企业的名称；

(5)有经营场所和从事合伙经营的必要条件；

(6)合伙人应当为具有完全民事行为能力的人；

(7)法律、行政法规禁止从事赢利性活动的人，不得成为合伙企业的合伙人。

(四)有限责任公司(包括一人有限责任公司)的成立

有限责任公司，又称有限公司(Co., Ltd.)。有限责任公司指根据《中华人民共和国公司登记管理条例》规定登记注册，由2个以上50个以下的股东共同出资，每个股东以其所认缴的出资额对公司承担有限责任，公司以其全部资产对其债务承担责任的经济组织。有限责任公司包括国有独资公司以及其他有限责任公司。

(1)股东符合法定人数即由2个以上50个以下股东共同出资设立；

(2)股东出资达到法定资本最低限额：以生产经营为主的公司需50万元人民币以上；以商品批发为主的公司需50万元人民币以上；以商品零售为主的公司需30万元人民币以上；科技开发、咨询、服务公司需10万元人民币以上；

(3)股东共同制定公司章程；

(4)有公司名称，建立符合有限责任公司要求的组织机构；

(5)有固定的生产经营场所和必要的生产经营条件。

(五)股份有限公司

股份公司是指公司资本为股份所组成的公司，股东以其认购的股份为限对公司承担有限责任。设立股份有限公司，应当有2人以上200人以下为发起人，注册资本的最低限额为人民币500万元。由于所有股份公司均须是负担有限责任的有限公司(但并非所有有限公司都是股份公司)，所以一般合称“股份有限公司”。

股份有限公司的全部注册资本由等额股份构成并通过发行股票(或股权证)筹集资本，公司是以其全部资产对公司债务承担有限责任的企业法人。其主要特征是：公司的资本总额平分为金额相等的股份；股东以其所认购股份对公司承担有限责任，公司以其全部资产对公司债务承担责任；每一股有一表决权，股东以其持有的股份，享受权利，承担义务。

股份有限公司从本质上讲只是一种特殊的有限责任公司而已。由于法律规定，有限责任公司的股东只能在50人以下，这就限制了公司筹集资金的能力。而股份有限公司则克服了这种弊端，将整个公司的注册资本分解为小面值的股票，以吸引数目众多的投资者，特别是小型投资者。

(1)设立股份有限公司，应当有5人以上为发起人，其中须有过半数的发起人在中国境内有住所。国有企业改建为股份有限公司的，发起人可以少于5人，但应当采取募集设立方式。

(2)股份有限公司发起人，必须按照法律规定认购其应认购的股份，并承担公司筹办事务。

(3)股份有限公司的设立，必须经过国务院授权的部门或者省级人民政府批准。

(4)股份有限公司的注册资本为在公司登记机关登记的实收股本总额。

(5)股份有限公司注册资本的最低限额为人民币1000万元。股份有限公司注册资本最低限额需高于上述所定限额的，由法律、行政法规另行规定。

二、收购现有企业

收购是指一家公司在证券市场上用现金、债券或股票购买另一家公司的股票或资产，以获得对该公司的控制权，该公司的法人地位并不消失。收购的方式主要有两种，即资产收购和股份收购。收购流程如图5-2所示。

收购的风险主要有：经营风险、多付风险和财务风险三种。

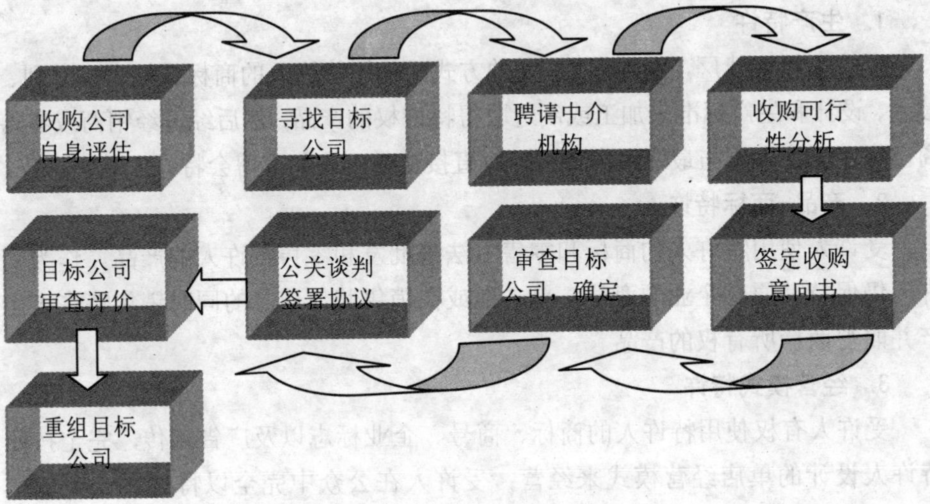

图5-2 收购公司的运作流程图

三、特许经营

特许经营是指特许经营权拥有者以合同约定的形式，允许被特许经营者有偿使用其名称、商标、专有技术、产品及运作管理经验等从事经营活动的商业经营模式。特许经营最早起源于美国，1851年Singer缝纫机公司为了拓展其缝纫机业务，开始授予缝纫机的经销权，在美国各地设置加盟店。撰写了第一份标准的特许经营合同书，在业界被公认为是现代意义上的商业特许经营起源。

进入21世纪后，特许经营已经成为主流的商业经营模式。作为一种经营方法，它可以向任何行业领域扩张。根据中国商务部定义，特许经营是指通过签订合同，特许人将有权授予他人使用的商标、商号、经营模式等经营资源，授予被特许人使用；被特许人按照合同约定在统一经营体系下从事经营活动，并向特许人支付特许经营费。国际特许经营协会将特许经营定义为一种合同关系，即：特许经营是特许人和受许人之间的合同关系，对受许人经营中的如下领域、经营诀窍和培训，特许人有义务提供或保持持续的兴趣；受许人的经营是在由特许人所有和控制下的一个共同标记、经营模式和(或)过程之下进行的，并且受许人从自己的资源中对其业务进行投资。

商业特许经营按其特许权的形式、授权内容与方式、总部战略控制手段的不同，可以分为三种类型：

1. 生产特许

受许人投资建厂，或通过OEM的方式，使用特许人的商标或标志、专利、技术、设计和生产标准来加工或制造取得特许权的产品，然后经过经销商或零售商出售，受许人不与最终用户(消费者)直接交易。比如世博会特许产品生产等。

2. 产品-商标特许

受许人使用特许人的商标和零售方法来批发和零售特许人的产品。作为受许人仍保持其原有企业的商号，单一地或在销售其他商品的同时销售特许人生产并取得商标所有权的产品。

3. 经营模式特许

受许人有权使用特许人的商标、商号、企业标志以及广告宣传，完全按照特许人设计的单店经营模式来经营；受许人在公众中完全以特许人企业的形象出现；特许人对受许人的内部运营管理、市场营销等方面实行统一管理，具有很强的控制。

特许经营表征的是一种公司间的合作合约关系。特许公司拥有商标、服务标志、独特概念、专利、商业秘密、经营诀窍等有形与无形资产的产权，并将部分产权(如使用权)转让给受许公司以换取一定的收入。特许公司对受许公司有相当广泛的控制权，包括经营、进货，甚至是营业时间。受许公司根据其营业额支付权利的使用费和其他费用。

课外实践

1. 根据自己的实际情况，选择一种企业类型，按照该企业类型登记注册的要求，完成企业登记注册。

2. 调研你身边的若干新创企业，了解新创企业选择的法律组织形式。简要分析选择该组织形式的原因和依据。

3. 以上海世博会为例，简要分析世博期间世博产品的特许经营情况。

任务三：客户的再拓展

寻找顾客是指营销人员主动找出潜在顾客，即准顾客的过程。所谓准顾客是指对营销人员的产品或服务确实存在需求并具有购买能力的个人或组织。而顾客是指那些已经购买“你”产品的个人或组织。有可能成为准顾客的个人或组织称为“线索”或“引子”。

寻找顾客是推销程序的第一个步骤。寻找顾客的程序如图 5-3 所示。

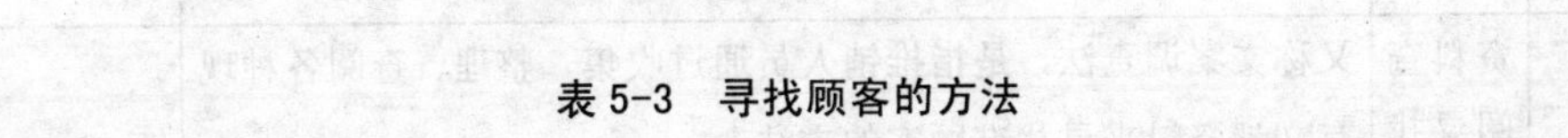

图 5-3　寻找顾客的程序

一般来说，寻找顾客的方法见表 5-3。

表 5-3　寻找顾客的方法

序号	方法	内　涵	举例说明
(1)	逐户访问法	也称“地毯”式访问法、普遍寻找法、贸然访问法、挨门挨户访问法或走街串巷寻找法，是指推销人员在任务范围内或特定地区、行业内，用上门探访的形式，对预定的可能成为准顾客的单位、组织、家庭乃至个人无一遗漏地进行寻找并确定准顾客的方法，也称“扫街”。	

(续表)

序号	方法	内 涵	举例说明
(2)	连锁介绍法	又称为客户推荐法或无限连锁法，是指推销人员请求现有顾客介绍未来可能的准客户的方法。连锁介绍法在西方被称为是最有效的寻找顾客的方法之一，被称为黄金客户开发法。	
(3)	中心人物法	也叫中心开花法、名人介绍法、中心辐射法，是指推销员在某一特定推销范围内发展一些有影响力的中心人物，并在这些中心人物的协助下把该范围内的组织或个人变成准顾客的方法，是连锁介绍法的特殊形式。	
(4)	个人观察法	也叫现场观察法，是指推销人员依靠个人的知识、经验，通过对周围环境的直接观察和判断，寻找准顾客的方法。个人观察法主要是依据推销人员个人的职业素质和观察能力，通过察言观色，运用逻辑判断和推理来确定准顾客，是一种古老且基本的方法。	
(5)	委托助手法	也称“猎犬法”，就是推销人员雇用他人寻找准顾客的一种方法。在西方国家，这种方法运用十分普遍。一些推销员常雇用有关人士来寻找准顾客，自己则集中精力从事具体的推销访问工作。这些受雇人员一旦发现准顾客，便立即通知推销员，安排推销访问。这些接受雇用的人员被称为推销助手。	
(6)	广告开拓法	又称广告拉引法、广告吸引法，是指推销人员利用各种广告媒介寻找准顾客的方法。根据传播方式的不同，广告可分为开放式广告和封闭式广告两类。开放式广告又称为被动式广告，如电视广告、电台广告、报纸杂志广告、招贴广告、路牌广告等。封闭式广告又称为主动式广告，它将信息直接传至特定的目标对象，与开放式广告相比，具有一定的主动性，如邮寄广告、电话广告等。	
(7)	资料查阅寻找法	又称文案调查法，是指推销人员通过收集、整理、查阅各种现有文献资料来寻找准顾客的方法。	
(8)	市场咨询法	是指推销人员利用社会上各种专门的行业组织、市场信息咨询服务部门等所提供的信息来寻找准顾客的办法。一些组织，特别是行业组织、技术服务组织、咨询单位等，他们手中往往集中了大量的客户资料和资源以及相关的行业和市场信息，通过咨询的方式寻找准顾客是一个行之有效的方法。	

（续表）

序号	方法	内　涵	举例说明
(9)	网络搜寻法	是指推销人员运用各种现代信息技术与互联网通信平台来搜索准顾客的方法。它是信息时代的一种非常重要的寻找顾客的方法。近些年来，随着互联网技术的不断发展与完善，各种形式的电子商务和网络推销也开始盛行起来，市场、企业等都在利用互联网搜寻顾客。互联网的普及使得在网上搜索潜在客户变得十分方便，推销员借助互联网的强大搜索引擎如Google、Baidu、Yahoo、Sohu等，可以搜寻到大量的准顾客。对于新推销人员来说，网上寻找顾客是最好的选择。	
(10)	交易会寻找法	是指利用各种交易会寻找准顾客的方法。国际国内每年都有不少交易会，如广交会、高交会、中小企业博览会，等等。充分利用交易会寻找准顾客，与准顾客联络感情、沟通了解，是一种很好的获得准顾客的方法。参加展览会往往会让销售人员在短时间内接触到大量的潜在客户，而且可以获得相关的关键信息，对于重点意向的客户也可以作重点展示，约好拜访的时间。	
(11)	电话寻找法	是指推销人员在掌握了准顾客的名称和电话号码后，用打电话的方式与准顾客联系而寻找准顾客的方法。电话最能突破时间与空间的限制，是最经济、有效的接触客户的工具。	

课外实践

选择3—5种方法，设计问卷调查表，比较分析各种顾客寻找方法的优缺点。

市场竞争者分析

对于一个企业来说，广义的竞争者是来自多方面的。企业与自己的顾客、供应商之间，都存在着某种意义上的竞争关系。狭义地讲，竞争者是那些与本企业提供的产品或服务相类似，并且所服务的目标顾客也相似的其他企业。一般来说，分析市场竞争者可以从本行业、市场消费者需求和市场细分三个角度进行。

1. 从本行业角度来发现竞争者

竞争者首先存在于本行业之中，企业先要从本行业出发来发现竞争者。凡是提供同一类产品或服务的企业，或者提供可相互替代产品的企业，就共同构成一个行业，如家电行业、食品行业、运输行业等。由于同行业企业产品的相似性和可替代性，彼此间形成了竞争的关系。在同行业内部，如果一种商品的价格变化，就会引起相关商品的需求量的变化。比如汽油价格上涨，高排量汽车的销售量将会减少；反之，如果汽油维持在较低价格，高排量汽车的销售量将会增加。

2. 从市场消费需求角度来发现竞争者

企业还可以从市场、从消费者需要的角度出发来发现竞争者。凡是满足相同的市场需要或服务于同一目标市场的企业，无论是否属于同一行业，都可能是企业的潜在竞争者。例如，从行业来看，电影可能是以同属于影视业的电视为主要的竞争对手，但是从市场的观点来看，特别是从满足消费者需要来看，消费者感兴趣的是满足其对欣赏影视作品的需要，因此，能够直接播放VCD、DVD的电子计算机对电影业构成了竞争威胁。从满足消费者需求出发发现竞争者，可以从更广泛的角度认识现实竞争者和潜在竞争者，有助于企业在更宽的领域中制定相应的竞争战略。

3. 从市场细分角度来发现竞争者

为了更好地发现竞争者，企业可以同时从行业和市场这两个方面着手，结合产品细分和市场细分来进行分析。假设市场上同时销售5个品牌的某产品，而且整个市场可以分为10个细分市场。如果某品牌打算进入其他细分市场，就需要估计各个细分市场的容量、现有竞争者的市场占有率，以及各个竞争者当前的实力及其在各个细分市场的营销目标与战略。从细分市场出发发现竞争者，可以更具体、更明确地制定相应的竞争战略。

根据上述市场竞争者分析方法，可以把市场竞争者分为以下4种：

(1) 愿望竞争者，即提供不同的产品以满足不同需求的竞争者；

(2) 普通竞争者，即提供不同的产品以满足相同需求的竞争者；

(3) 产品形式竞争者，生产同类但规格、型号、款式不同的产品的竞争者；

(4) 品牌竞争者，即生产相同规格、型号、款式，但品牌不同的产品的竞争者。

对各种不同类型的竞争者，根据其所处的竞争环境，可以从以下8个方面对其优劣势进行分析：

(1) 产品。竞争企业产品在市场上的地位，产品的适销性，以及产品系列的宽度与深度。

(2) 销售渠道。竞争企业销售渠道的广度与深度，销售渠道的效率与实力，销售渠道的服务能力。

(3) 市场营销。竞争企业市场营销组合的水平，市场调研与新产品开发的能力，销售队伍的培训与技能。

(4) 生产与经营。竞争企业的生产规模与生产成本水平，设施与设备的技术先进性与灵活性，专利与专有技术，生产能力的扩展，质量控制与成本控制，区位优势，员工状况，原材料的来源与成本，纵向整合程度。

(5) 研发能力。竞争企业内部在产品、工艺、基础研究、仿制等方面所具有的研究与开发能力，研究与开发人员在创造性、可靠性、简化能力等方面的素质与技能。

(6) 资金实力。竞争企业的资金结构，筹资能力，现金流量，资信度，财务比率，财务管理能力。

(7) 组织。竞争企业组织成员价值观的一致性与目标的明确性，组织结构与企业策略的一致性，组织结构与信息传递的有效性，组织对环境因素变化的适应性与反应程度，组织成员的素质。

(8) 管理能力。竞争企业管理者的领导素质与激励能力，协调能力，管理者的专业知识，管理决策的灵活性、适应性和前瞻性。

课外实践

运用市场竞争者分析方法，选择1—2个不同类型的竞争者，对其竞争优劣势进行分析。

供应商选择

供应商是指直接向零售商提供商品及相应服务的企业及其分支机构、个体工商户，包括制造商、经销商和其他中介商，也称为“厂商”，即供应商品的个人或法人。供应商可以是农民、生产基地、制造商、代理商、批发商(限一级)、进口商等。

根据供应商的特征，供应商可以分为以下3种类型：

(1) 交易型供应商是指为数众多，但交易金额较小的供应商；

(2) 战略型供应商是指公司战略发展所必需的少数几家供应商；

(3) 大额型供应商指交易数额巨大，战略意义一般的供应商。

选择供应商的标准很多，根据时间的长短，一般可分为短期标准和长期标准。在确定选择供应商的标准时，一定要考虑短期标准和长期标准。只有把两者紧密结合起来，才能使所选择的标准更全面，进而利用标准对供应商进行评价，最终寻找到理想的供应商。

1. 选择供应商的短期标准

选择供应商的短期标准主要有以下 4 项指标：

(1) 合适的商品质量。采购商品的质量合乎采购单位的要求是采购单位进行商品采购时首先要考虑的条件。对于质量差、价格偏低的商品，虽然采购成本低，但会导致企业的总成本增加。因此，采购商品的质量必须符合企业生产所需，要求过高或过低都是错误的。

(2) 较低的成本。成本不仅仅包括采购价格，而且包括原料或零部件使用过程中所发生的一切支出。采购价格是选择供应商的一个重要条件。需要注意的是，并非是价格越低的供应商就一定越好，而是总成本最低才是最合适的供应商。

(3) 及时交货。交货时间是选择供应商时要考虑的因素之一。供应商能否按约定的交货期限和交货条件组织供货，将直接影响企业生产的连续性。企业在考虑交货时间时需要注意两个方面的问题：一是要尽可能降低生产所用的原材料或零部件的库存数量，进而降低库存占压资金，以及与库存相关的其他各项费用；二是要尽可能降低断料停工的风险，保证生产的连续性。理想的交货目标是：用户什么时候需要，就什么时候送货，不晚送，也不早送，要求准时。

(4) 整体服务水平好。供应商的整体服务水平是指供应商内部各作业环节能够配合购买者的能力与态度。评价供应商整体服务水平的主要指标有相关业务培训支持、安装服务和技术支持服务三方面。

2. 选择供应商的长期标准

选择供应商的长期标准主要在于评估供应商是否能保证长期而稳定的供应，其生产能力是否能配合公司的成长而相对扩展，其产品未来的发展方向能否符合公司的需求，以及是否具有长期合作的意愿等。因此选择供应商的长期标准主要有以下 4 项指标：

(1) 供应商内部组织是否完善。供应商内部组织与管理关系到日后供应商的供货效率和服务质量。如果供应商组织机构设置混乱，采购的效率与质量就会因此下降，甚至会由于供应商部门之间的互相扯皮而导致供应活动不能及时、高质量地完成。

(2) 供应商质量管理体系是否健全。采购商在评价供应商是否符合要求时，其中重要的一个环节是看供应商是否采用相应的质量体系，比如说是否通过ISO9000 质量体系认证，内部的工作人员是否按照该质量体系不折不扣地完成各项工作，其质量水平是否达到国际公认的 ISO9000 所规定的要求。

(3) 供应商内部机器设备是否先进以及保养情况如何。从供应商机器设备的新旧程度和保养情况就可以看出管理者对生产机器、产品质量的重视程度，以及内部管理的好坏。如果车间机器设备陈旧，机器上面灰尘油污很多，很难想象该企业能生产出合格的产品。

(4) 供应商的财务状况是否稳定。供应商的财务状况直接影响到其交货和履约的绩效，如果供应商的财务出现问题，周转不灵，就会影响供货，进而影响企业生产，甚至出现停工的严重危机。

当然，企业处在不同阶段，对供应商的选择也会有所差别。但不管怎样，供应商的选择要遵循如下步骤：

(1) 建立评价小组。企业必须建立一个小组以控制和实施供应商评价。组员来自采购、生产、财务、技术、市场等部门，组员必须有团队合作精神，具有一定的专业技能。评价小组必须同时得到制造商企业和供应商企业最高领导层的支持。

(2) 确定全部的供应商名单。通过供应商信息数据库，以及采购人员、销售人员或行业杂志、网站等媒介渠道了解市场上能提供所需物品的供应商。

(3) 列出评估指标并确定权重。上面对选择供应商的标准进行了详细论述，在短期标准与长期标准中，每个评估指标的重要性对不同的企业是不一样的。因此，对于不同的企业，在进行评估指标权重设计时也应不同。评价供应商的一个主要工作是调查、收集有关供应商的生产运作等各个方面的信息。在收集供应商信息的基础上，可以利用一定的工具和技术方法进行评估。

课外实践

针对第二章选定的行业，根据供应商选择的短期和长期标准，按照供应商选择步骤，对供应商进行评价。

员工招聘

员工招聘，是指组织根据人力资源管理规划和工作分析的要求，从组织内部和外部吸收人力资源的过程。员工招聘包括员工招募、甄选和聘用等内容。

员工招聘在人力资源管理工作中具有重要的意义。招聘工作直接关系到企业人力资源的形成，有效的招聘工作不仅可以提高员工素质、改善人员结构，也可以为组织注入新的管理理念，为组织增添新的活力，甚至可能给企业带来技术、管理上的重大革新。招聘是企业整个人力资源管理活动的基础，有效的招聘工作能为以后的培训、考评、工资福利、劳动关系等管理活动打好基础。因此，员工招聘是人力资源管理的基础性工作。

员工招聘一般有如下 3 种渠道：

(1)外部招聘。外部招聘的渠道大致有：人才交流中心、招聘洽谈会、传统媒体广告、网上招聘、校园招聘、人才猎取和员工推荐等。

(2)内部招聘。内部招聘，就是将招聘信息公布给公司内部员工，员工自己可以来参加应聘。

(3)猎头招聘。企业高层的招聘，选用猎头招聘的效果要远远好于普通的网络招聘、报纸招聘。猎头招聘更具有针对性，筛选的人选更适合企业的需求。目前国内猎头公司较好的有 chinahr 猎头公司、精英猎头公司、烽火猎头公司等。

员工招聘要遵循如下程序：

(1)制定招聘计划和策略。招聘计划是组织根据发展目标和岗位需求对某一阶段招聘工作所做的安排，包括招聘目标、信息发布的时间与渠道、招聘员工的类型及数量、甄选方案及时间安排等方面。

(2)发布招聘信息及搜寻候选人信息。组织要将招聘信息通过多种渠道向社会发布，向社会公众告知用人计划和要求，确保有更多符合要求的人员前来应聘。

(3)甄选。甄选的过程一般包括对所有应聘者的情况进行的初步审查、知识与心理素质测试、面试，以确定最终的录用者。

(4)录用。人员录用过程一般可分为试用合同的签订、新员工的安置、岗前培训、试用、正式录用等几个阶段。

(5)招聘工作评价。招聘评估主要指对招聘的结果、招聘的成本和招聘的方法等方面进行评估。一般在一次招聘工作结束之后，要对整个评估工作做一个总结和评价，目的是进一步提高下次招聘工作的效率。

任务四：公司治理

公司治理，又名公司管治、企业管治和企业管理。公司治理是指诸多利益相关者的关系，主要包括股东、董事会、经理层的关系，这些利益关系决定着企业的发展方向和业绩(如图 5-4)。公司治理讨论的基本问题，就是如何使企业的管理者在利用资本供给者提供的资产发挥资产用途的同时，承担起对资本供给者的责任。当大学生完成项目运作与公司管理后，进入的下一个层次就是公司治理。

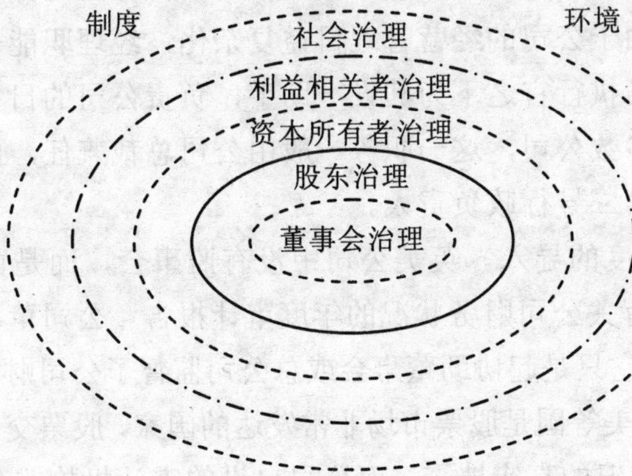

图 5-4　公司治理的层次

当前，公司治理模式主要有 3 种：英美模式、德日模式、家族模式。

1. 英美模式

这种模式的公司内部权力分配是通过公司的基本章程来限定公司不同机构的权利，并规范它们之间的关系的，但在具体设置和权利分配上却存在着差别。

(1)股东大会。英美公司的股东非常分散，而且相当一部分股东是只有少量股份的股东，其实施治理的成本很高，因此，不可能将股东大会作为公司的常设机构，或经常就公司发展的重大事宜召开股东代表大会，以便作出有关决策。在这种情况下，股东大会就将其决策权委托给一部分大股东或有权威的人来行使，这些人组成了董事会。股东大会与董事会之间的关系实际上是一种委托代理的关系。股东们将公司日常决策的权利委托给了由董事组成的董事会，而董事会则向股东承诺使公司健康经营并获得满意的利润。

(2)董事会。董事会是股东大会的常设机构。董事会的职权是由股东大会授予的。关于董事会的人数、职权和作用，各国公司法均有较为明确的规定，英美也不例外。除公司法的有关规定以外，各个公司也都在公司章程中对有关董事会的事宜进行说明。公司性质的不同，董事会的构成也不同。在谈到公司治理问题时，常常要根据不同性质的公司进行逐一分析。

(3)首席执行官(CEO)。董事会有权将部分经营管理权力转交给代理人代为执行。这个代理人就是公司政策执行机构的最高负责人。这个人一般被称为首席执行官，即CEO。在多数情况下，首席执行官是由董事长兼任的。即使不是由董事长兼任，担任此职的人也几乎必然是公司的执行董事并且是公司董事长的继承人。但是，由于公司的经营管理日益复杂化，经理职能也日益专业化，大多数公司又在首席执行官之下为其设一助手，负责公司的日常业务，这就是首席营业官。在大多数公司，这一职务一般由公司总裁兼任，而总裁是仅次于首席执行官的公司第二号行政负责人。

(4)外部审计制度的导入。英美公司中没有监事会，而是由公司聘请专门的审计事务所负责有关公司财务状况的年度审计报告。公司董事会内部虽然也设立审计委员会，但它只是起协助董事会或总公司监督子公司财务状况和投资状况等的作用。由于英美等国是股票市场非常发达的国家，股票交易又在很大程度上依赖于公司财务状况的真实披露，而公司自设的审计机构难免在信息发布的及时性和真实性方面有所偏差，所以，英美等国很早便出现了由独立会计师承办的审计事务所。英美等国公司每年的财务报告书都附有审计事务所主管审计师签发的审计报告。政府的审计机构也在每年定期或不定期地对公司经营状况进行审计，并对审计事务所的任职资格进行审查。

2. 德日模式

德日治理模式被称为是银行控制主导型，其本质特征表现在以下几方面：

(1)商业银行是公司的主要股东。德日两国的银行处于公司治理的核心地位。在经济发展过程中，银行涉足其关联公司的经营事务中，形成了颇具特色的主银行体系。

日本的主银行制包括三个基本层面：一是银企关系层面，即企业与主银行之间在融资、持股、信息交流和管理等方面结成的关系；二是银银关系层面，即指银行之间基于企业的联系而形成的关系；三是政银关系，即指政府管理当局与银行业之间的关系。这三层关系相互交错、相互制约，共同构成一个有机的整体，或称为以银行为中心的、通过企业的相互持股而结成的网络。

在德国，银行一开始仅仅是公司的债权人，只从事向企业提供贷款业务，但当银行所贷款的公司拖欠银行贷款时，银行就变成了该公司的大股东。在德国，银行可以自己持有一家公司的多少股份没有法律的限制，但其金额不得超过银行资本的15%。

(2) 法人持股或法人相互持股。法人持股，特别是法人相互持股是德日公司股权结构的基本特征，这一特征在日本公司中尤为突出。二战后，股权所有主体多元化和股东数量迅速增长是日本企业股权结构分散化的重要表现。但在多元化的股权结构中，股权并没有向个人集中而是向法人集中，由此形成了日本企业股权法人化现象，构成了法人持股的一大特征。

(3) 严密的股东监控机制。德日公司的股东监控机制是一种"主动性"或"积极性"的模式，即公司股东主要通过一个能信赖的中介组织或股东当中有行使股东权力的人或组织，通常是一家银行来代替他们控制与监督公司经理的行为，从而达到参与公司控制与监督的目的。如果股东们对公司经理不满意，不像英美两国公司那样只是"用脚投票"，而是直接"用手发言"。但是德日公司的监控机制的特征有所不同。

3. 家族模式

在韩国和东南亚家族治理模式的特征中，有些特征无论是在形式上还是在内容上都是相同的，但也有些特征只是在形式上相同，在内容上却是不相同的。

尽管许多家族企业管理平庸、技术低下，但仍有很强的生存能力和竞争能力，这就是家族式管理模式特有的优点，集中表现在：

(1) 员工多实行终身雇用制，员工稳定且很少流动。

(2) 职工对企业的依赖性强，企业有较强的凝聚力。

(3) 内部人际关系和谐。家族式管理讲究以情动人、以行感人、以德服人，管理者用职位权力较少，用个人权威较多。

(4) 对新技术、新工艺有较强的吸收消化能力，能有效地防止企业机密和技术专利的泄露，其内部技术创新也有较强的针对性和实用性。

(5) 家族式企业中管理者和员工在感情上存在着"知恩图报"的思想。

课外实践

参照表 5-4 对一般管理与创业管理的比较分析，选择几位创业者案例，识别不同管理导向的差异。

表 5-4 一般管理导向与创业管理导向的领导比较

比较内容	传统管理导向观点	创业管理导向观点
组织资源和能力	组织的资源和能力应该得到保护	既要重视组织的资源和能力，也要强调变革
企业的“经营”和“目的”	有关企业“经营”和“目的”的定义是相对不变的	有关企业“经营”和“目的”的划定应该定期重新评估
经营战略	在进行战略游戏的时候一定要比竞争对手玩得好	在进行战略游戏的时候要比竞争对手玩得好，或者干脆玩自己的战略游戏
组织体系结构	为使得战略实施最优化而设计	为战略的灵活性而设计
满足客户需求	保持“与客户亲密的关系”	保持“与客户亲密的关系”，同时投资有前途的创新，尽管暂时它还不能满足当前急切的需求
组织中具有企业家精神的活动	具有企业家精神的活动应该从企业战略中产生	具有企业家精神的活动既有可能从企业战略中产生，也有可能导致企业战略变化
组织学习	将知识制度化，以免必须重新学习经营课程	将疑问的态度制度化，使得组织保持创新与活力

第六章 新产品新业务的培育

本章提示

公司成立后，接下来要考虑的问题就是新产品新业务的拓展问题。

创业项目的开展，为我们进行创业公司管理奠定了基础。而创业公司的主要任务就是在创业项目的基础上进行新业务的培育。所谓新产品，是指采用新技术原理、新设计构思研制、生产的全新产品，或在结构、材质、工艺等某一方面比原有产品有明显改进，从而显著提高了产品的性能或扩大了产品的使用功能。从市场营销的角度看，凡是企业向市场提供的过去没有生产过的产品都叫新产品。具体地说，只要产品整体概念中的任何一部分有变革或创新，并给消费者带来新的利益、新的满足的产品，都可以认为是一种新产品。

本章所涉及的新业务拓展方法，主要是信息法、流程再造、赢利模式拓展、合作开发等。要求完成多种新产品新业务开发方法的训练，完成新产品新业务开发报告书。

企业跨越了创业期生存危机后，产品特色日益明显，业务逐渐成熟，组织结构也趋于稳定，但在这个阶段，由于还没有建立普遍的规章制度，企业仍处于生命周期中的聚合阶段和规范阶段之间(如图 6-1)。在这个阶段，要进一步做大做强企业，就需要进一步拓展新产品新业务。

所谓新产品，是指采用新技术原理、新设计构思研制、生产的全新产品，或在结构、材质、工艺等某一方面比原有产品有明显改进，从而显著提高产品性能或扩大产品的使用功能。既包括政府有关部门认定并在有效期内的新产品，也包括企业自行研制开发，未经政府有关部门认定，从投产之日起一年之内的新产品。

按产品研究开发过程，新产品可分为全新产品、模仿型新产品、改进型新产品、形成系列型新产品、降低成本型新产品和重新定位型新产品。

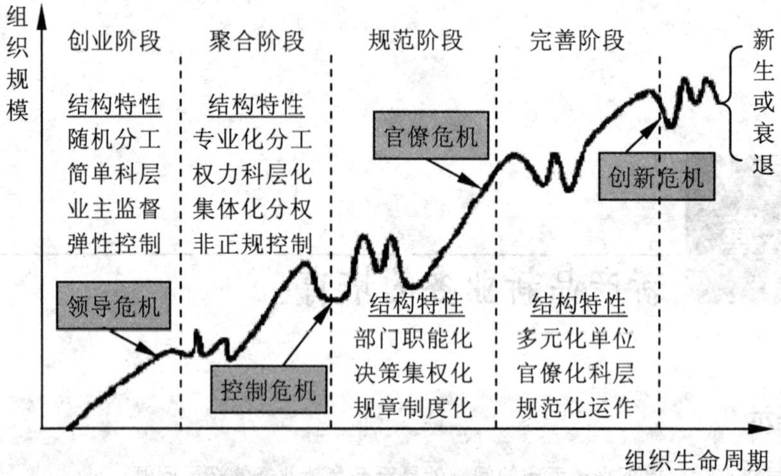

图 6-1　组织生命周期

(1)全新产品，是指应用新原理、新技术、新材料，研制开发出来的具有新结构、新功能的产品。该新产品在全世界首先开发，能开创全新的市场。它占新产品的比例为 10%左右。

(2)改进型新产品，是指在原有老产品的基础上进行改进，使产品在结构、功能、品质、花色、款式及包装上具有新的特点和新的突破。改进后的新产品，其结构更加合理，功能更加齐全，品质更加优异，能更多地满足消费者不断变化的需要。它占新产品的 26%左右。

(3)模仿型新产品，是指企业对国内外市场上已有的产品进行模仿生产，称为本企业的新产品。模仿型新产品约占新产品的 20%左右。

(4)形成系列型新产品，是指在原有的产品大类中开发出新的品种、花色、规格等，从而与企业原有产品形成系列，扩大产品的目标市场。它占新产品的 26%左右。

(5)降低成本型新产品，是以较低的成本提供同样性能的新产品，主要是指企业利用新科技，改进生产工艺或提高生产效率，削减原产品的成本，但保持原有功能不变的新产品。它占新产品的 11%左右。

(6)重新定位型新产品，是指企业的老产品进入新的市场而被称为该市场的新产品。它占新产品的 7%左右。

所谓新业务，是指各行业中需要处理的新事务。

国内企业，新产品推出类型多数为补充型和改进型产品。就全球而言，全新型产品和老产品改进型虽然只有所有进入市场新产品的 30%，但他们却代表了 60%最成功的新产品。

对高职生来讲，完成了公司登记注册后，接下来需要考虑的就是如何把公司做优做强，主要应考虑的就是能否拓展新业务及如何拓展新业务。一般来说，在这个时期，需要思考的问题主要有：

(1)能否整合企业外部资源，追求外部成长？

(2)能否有效管理企业人力资源？

(3)能否实现从创造资源到管好用好资源的转变？

(4)能否形成比较固定的企业价值观和文化氛围？

(5)能否用成长的方式解决成长过程中出现的问题？

(6)能否从过分追求速度转到突出企业的价值增加？

不同企业的新产品新业务开发方法并不相同，根据高职生开展创业的基础，可选定产品改进、业务流程再造、赢利模式改进三方面开展新产品新业务开发。

任务一：新产品新业务拓展

产品创意与产品概念是不同的。新产品创意是从厂家的角度上讲产品的可能设想。新产品创意的主要来源有：顾客、科学家、竞争对手、企业推销人员和经销商、企业高层管理人员、市场研究公司、广告代理商等。除了以上几种来源外，企业还可以从大学、咨询公司、同行业的团体协会、有关的报刊媒介那里寻求有用的新产品创意。一般说来，企业应当主要靠激发内部人员的热情来寻求创意。这就要建立各种激励制度，对提出创意的职工给予奖励，而且高层主管人员应当对这种活动表现出充分的重视和关心。比如，“开发一种大脱水蔬菜包的方便面”就是一个新产品创意。

产品概念则是以消费者的观点对新产品的描述。根据上述概念创意产品可以描述为：“一种全新的营养型方便面，没有酱包，有超大的蔬菜包，并有多种配菜口味可供选择，特别适合孩子及注重营养的消费者。有碗装和袋装两种包装，三种口味(番茄炒蛋、酸豆角、香菇青菜)。碗面总重 120g，零售价 2.5 元；袋面总重 105g，零售价 1.5 元。”因此，新产品概念至少应包括以下几项：

(1)品牌：新产品的名称。

(2)产品定位：与其他产品相比，有哪些特殊之处？目标消费群是谁？

(3)目标消费群特征：年龄、职业、性别、收入、文化水平、价值观等。

(4)目标市场总量：目标消费群可能实现的总消费量。

(5)产品描述：口味、规格、重量、包装材质、零售价、毛利。

(6)销售通路及价格：在哪些通路进行销售以及出货价格为多少？

(7)包装特征：色彩。

(8)销售区域及预估销售量：在哪些区域进行销售以及可能销售量有多大？

(9)上市进度：日期。

如何才能严谨、科学、高效地开发新产品，并使其成功上市？新产品成功上市要遵循如下7个步骤：

(1)发现市场机会。新产品开发要有的放矢，先创意新产品，然后给这个新产品找市场。正确的思路是：先去分析市场，了解市场整体趋势，目标市场上的竞品有哪些弱点可以利用？消费者还有那些需求没有满足？有没有还处于空白阶段的细分市场？最终通过理性的分析找到市场空当，把自己的产品根植于这块“肥沃的土地”上。

(2)新产品概念的提出。市场机会给我们指明了方向，新产品概念的具体化(产品的克重、规格、价格、包装、诉求点等要素的初步确定)是为了锁定新市场机会，新产品概念的提出不是闭门造车，而是针对市场机会的量身定制。

(3)新产品可行性评估。根据市场机会量身定制的新产品从逻辑上推断应该是可以成功上市的，但问题是这个新产品的开发及上市，本企业是否有实力去完成？上市这个产品所要求的生产设备、财务支持、必备销售网络等方面，企业是否存在先天不足的障碍——市场上机会很多，但这个机会是不是属于你，还得根据自身情况进行可行性评估。

(4)新产品开发及准备。确认该新产品上市切实可行后，就要马上行动，把停留在创意阶段的新产品概念(包括产品本身及产品的包装、广告宣传品等附属物)变成实物。生产车间试制出来的新产品样品完全符合原始创意吗？最妥当的方法是就拿试制样品的包装、口味、价格等要素去市场上做实物测试，一直测试到结果表明该产品在各方面符合原创意、符合市场机会，而且有市场优势为止。

(5)新产品上市的计划与安排。新产品开发及准备工作结束，接下来就面临着产品上市、广告宣传品及产品的批量生产、广告片完成、各项促销活动设计与执行等一系列问题，营销谋定而后动，周密的计划和安排是新产品上市成功的前提。

(6)新产品上市计划执行。通过以上5个步骤的充足准备，新产品终于可以走上市场。所谓市场机会把握、新产品概念提出及论证、新产品开发准备、新产品上市计划的拟订都是为了新产品上市这临门一脚做服务。

(7)上市后表现追踪。从新产品上市第一天起，要严密监控新产品上市的销量、促销、铺货、价格、回款等关键指标的表现，及时发现问题，及时提出解决改良方案，不断改正新产品上市计划中的不足之处，实现策划与执行的完美结合。

按照以上这7个步骤进行新产品上市规范推进，各项工作环环相扣、节节递进，最终新产品上市完全在掌控之中。

发现了潜在的市场机会，初步确定了产品概念和新业务的属性后，接下来把这一产品概念和新业务落实到具体上市行为之前一定要做严格的可行性评估。缺少这一环节，仓促上马，可能会带来不可挽回的经济损失。因此，在形成新产品和新业务的时候，要进行可行性评估。

可行性评估包括4层含义：

(1)组织的可行性。不是每一个企业都可以“顺利”地开发出新产品新业务的。营销、研发、生产、财务，任何一个环节出问题都会使新产品新业务变成“怪胎”，甚至“胎死腹中”。

(2)生产的可行性。对开发能力、生产设备及工艺水平进行评估，不是所有的“伟大创意”都可以变成现实的。

(3)财务可行性。新产品新业务上市通常会占用巨额的营销和研发费用，财务部门、研发部门必须对市场部门的销售预测进行仔细的损益分析，“赚钱”的产品和业务才能上市。

(4)市场推动的可行性。销售新产品、推广新业务往往要求有新的渠道、通路、销售政策与之匹配。而企业现有的销售能力、现有的销售网络往往也会成为产品和业务上市不可行(或暂时不可行)的原因。

表6-1给出了供应商、客户、公司内部提供新产品新业务信息的比例。请按照这些来源渠道，结合抽样调查、问卷调查、访谈调查，分析一个公司新产品或新业务开发的方向和设计思路。

1. 信息分析

表 6-1 信息分析表

信息来源	工业品（参考统计数%）	消费品（参考统计数%）	产品功能、外观、需求等方面的具体建议
供应商	13	4	
公司市场开发部	24	14	
公司其他部门	36	32	
用户	26	30	
对竞争对手产品的分析	27	38	
公开发行物(含网络)信息	8	11	
其他			

2. 形成新产品新业务开发的方向和设计思路

新产品或新业务上市准备涉及企业内外多个部门，是一个典型的合作工作链，需要相关人员对每项工作细致安排、落实责任、内联外动，才能确保各项工作按时完成。

以新产品开发为例，具体准备工作事宜如表 6-2 所示。

表 6-2 新品开发准备期工作掌控表

项目编号	工作项目	负责部门	负责人	完成日期	实际工作进度			
					1 月	2 月	3 月	4 月
1	包装设计	营销/广告公司						
2	广告促销品设计	营销/广告公司						
3	广告创意	营销/广告公司						
4	条码申请	研发						
5	包材制版	制版公司						
6	样品研发/提供	研发						
7	新产品测试	营销						
8	标准毛利计算	财务						
9	包装印刷	印刷公司						
10	进入新品上市计划及执行流程	营销						

实 例

湖州诚信会计服务公司，是一家为小企业提供会计事务服务的公司。近年来，小企业的融资工作量很大，一般企业还不能适应银行的融资工作要求。该公司就走访银行信贷部门，20多家工业、农业、服务业等小型企业了解情况，进行论证。经过公司内部讨论，推出了小企业融资服务业务，效果很好。

课外实践

1. “未来之星——最具成长性的新兴企业”是《中国企业家》杂志社对快速成长型企业进行的评价，到2009年已进行9届。选择第1届和第2届获奖的企业，看这些企业是否已经成为“明星”了。如果成为明星，请选择几家企业，分析其是如何拓展其业务的。

2001年中国企业“未来之星”名单：

北京用友软件股份有限公司
深圳经天通信股份公司
北京三元基因股份有限公司
深圳科兴生物制品有限公司
四川托普软件集团
上海德律风根微电子有限公司
成都索贝数码科技股份有限公司
成都卫士通信产业股份有限公司
北京万方数据公司
深圳万德莱通讯设备有限公司
北京沃华生物科技股份有限公司
深圳雅都图形软件股份公司
上海杰事杰新材料股份有限公司
湖北绿世界环保科技股份有限公司
浙江南都电源动力股份有限公司
武汉银泰科技股份有限公司
清华阳光太阳能设备有限公司

沈阳新松机器人自动化股份公司
深圳灵顿中子股份有限公司
西安杨凌中富绿色硅谷股份公司
南京南瑞继保电气有限公司

2002年中国企业“未来之星”名单：
北京华谊兄弟太合影视投资有限公司
厦门三达膜科技有限公司
中科软件股份有限公司
江苏南京联创系统集成股份有限公司
北大纵横管理咨询公司
北京和利时系统工程股份有限公司
东北虎药业股份有限公司
上海海鼎信息工程股份有限公司
沈阳金昌普新材料股份有限公司
青岛金王集团
上海博科资讯股份有限公司
深圳雷地科技实业股份有限公司
长春吉大正元信息技术股份有限公司
新疆天彩科技股份有限公司
武汉工大光纤传感科技股份有限公司
深圳莱宝高科技股份有限公司
深圳明华澳汉科技股份有限公司
杭州信雅达系统工程股份有限公司
北京中科大洋科技发展股份有限公司
大连明辰振邦氟涂料股份有限公司
深圳南虹电子陶瓷有限公司

2. 结合创业企业的实际情况，通过团队讨论提出业务拓展的新方案。

任务二：推出新的业务流程再造

业务流程再造，即 BPR(Business Process Reengineering)，被称为“公司再造”、“再造工程”，是20世纪90年代由美国 MIT 教授迈克尔·哈默和 CSC 管理顾问公司董事长钱皮提出的。1993年，在他们联合编著的《公司重组——企业革命宣言》一书中，哈默和钱皮指出，两百年来，人们一直遵循亚当·斯密的劳动分工思想来建立和管理企业，即注重把工作分解为最简单和最基本的步骤；而目前应围绕这样的概念来建立和管理企业，即把工作任务重新组合到首尾一贯的工作流程中去。业务流程再造被西方发达国家喻为“从毛毛虫变蝴蝶”的革命，也被认为是继全面质量管理运动后的第二次管理革命。

(一)BPR 的主要程序

企业“再造”就是重新设计和安排企业的整个生产、服务和经营过程，使之合理化。通过对企业原来生产经营过程的各个方面、各个环节进行全面的调查研究和细致分析，对其中不合理、不必要的环节进行彻底的变革。在具体实施过程中，可以按以下程序进行。

(1) 对原有流程进行全面的功能和效率分析，发现其存在问题。当市场需求、技术条件发生的变化使现有作业程序难以适应时，作业效率或组织结构的效能就会降低，因此，必须从原有业务的功能障碍、重要性及可行性等方面分析现行作业流程的问题。

(2) 设计新的流程改进方案，并进行评估。为了设计更加科学、合理的作业流程，必须集思广益、鼓励创新。在设计新的流程改进方案时，可以考虑：

1) 将现在的数项业务或工作组合，合并为一；

2) 工作流程的各个步骤按其自然顺序进行；

3) 给予职工参与决策的权力；

4) 为同一种工作流程设置若干种运营方式；

5) 工作应当超越组织的界限，在最适当的场所进行；

6) 尽量减少检查、控制、调整等管理工作；

7) 设置项目负责人。

对于提出的多个流程改进方案，还要从成本、效益、技术条件和风险程度等方面进行评估，选取可行性强的方案。

(3)制定与流程改进方案相配套的组织结构、人力资源配置和业务规范等方面的改进规划，形成系统的企业再造方案。业务流程的实施，是以相应的组织结构、人力资源配置方式、业务规范、沟通渠道甚至企业文化作为保证的，所以，只有以流程改进为核心形成系统的企业再造方案，才能达到预期的目的。

(4)组织实施与持续改善。企业再造方案的实施并不意味着企业再造的终结。在社会发展日益加快的时代，企业总是不断面临新的挑战，这就需要对企业再造方案不断地进行改进，以适应新形势的需要。

(二)业务流程分析的内容

在分析现有业务流程的基础上，进行业务流程重组，进而产生新的更为合理的业务流程。

(1)原有流程的分析；

(2)业务流程的优化；

(3)确定新的业务流程；

(4)新系统的人机界面。

业务流程分析是要将企业具体的业务活动过程(内容、步骤等)描述出来，制订解决问题的计划，并对此优化。

(三)BPR的“关键成功因素”

尽管业务流程重组形成了世界性的浪潮，并且有许多异常成功的案例，但是仍有超过一半的业务流程重组项目走向失败或达不到最初设定的目标。这中间最大的三个障碍是：

(1)缺乏高层管理人员的支持和参与；

(2)不切实际的实施范围与期望；

(3)组织对变革的抗拒。

正是因为这些原因，业务流程重组的“关键成功因素(Key Success Factors，KSF)”就变成了一个重要的研究领域。

以下的KSF来源于标杆(Benchmarking)竞争，它们也有助于企业进行有效的业务流程重组。

(1)核心管理层的优先关注；

(2)企业的战略引导；

(3)可以量化的重组目标；

(4)可行的实施方法；

(5)业务流程重组是一个过程；

(6)提升业务流程的过程应得到持续的资金支持；

(7)组织为流程而定，而不是流程为组织而定；

(8)将客户与供应商纳入业务流程的重组范围；

(9)重组的一致性优先于完善性。

(四)BPR的实施

BPR的实施一般可以分为四个阶段，即启动准备、试运营组织、试运营控制、试运营验收，其中第二与第三阶段并行。这里主要介绍第一、第二阶段的运营步骤。

1. 启动准备

【步骤一】 实施动员会，总裁发布命令，实施启动。具体内容包括：

(1)宣布流程实施启动，强调对流程管理部门的授权，激励员工为流程实施成功而努力；

(2)流程管理部门介绍流程实施内容；

(3)其他部门代表承诺对流程实施的支持。

【步骤二】 进行部门职责和岗位职责的相应调整。具体内容包括：

(1)按照流程文件的要求，调整部门间职责；

(2)按照流程文件的要求，调整部门内岗位职责。

【步骤三】 流程管理部门组织各部门根据流程文件制定管理标准。具体内容包括：

(1)将流程按部门编制，分发到部门；

(2)部门按照流程报告，结合部门职责和岗位职责，同时由相关部门提交资料，编写管理标准；

(3)流程管理部门对管理标准进行审核；

(4)各部门对涉及的管理标准进行会签。

2. 试运营组织

【步骤一】 流程试运营开始，流程管理部门组织流程培训。具体包括：

(1)流程管理部门负责牵头组织，针对流程方案培训业务骨干；

(2)业务骨干针对流程作业说明书内容培训流程执行人。

【步骤二】 指定具体的执行人，即流程的主负责人。具体包括：

(1)流程管理部门的信息部为每个流程指定相应主负责人，主负责人必须是具体的执行人；

(2)主负责人对该流程的效率和效果负责；

(3)主负责人负责相应流程的维护。

【步骤三】各部门实施当期可以执行的流程。具体包括：

(1)流程管理部门根据流程执行周期的长短，确定当期实施的流程；

(2)各部门实施当期可以执行的流程；

(3)流程主负责人监督流程中各环节工作的进度和质量，协调处理问题；

(4)流程问题解决依靠细致的流程作业说明书。

【步骤四】试运营3周后，举行流程考试。具体包括：

(1)流程管理部门编制流程试题；

(2)分部门同时进行流程考试；

(3)将考试结果提交集团领导，并进行公布；

(4)集团领导根据考试结果，提出奖惩意见。

实　例

进入21世纪后，互联网对旅行社的影响越来越大，在给旅行社带来挑战的同时也带了发展的机遇。一方面，互联网改变了旅行社的外部环境，对旅行社的传统业务流程造成了冲击；另一方面，互联网为旅行社的流程再造提供了技术工具，推动了旅行社的业务流程再造。湖州快乐旅行社是湖州交通运输集团控股的旅游企业。过去，该旅行社与一般旅行社的业务相差无几，也没有显现优势。为了拓展新业务，旅行社运用控股集团在长三角的客运网络和客车资源的优势，拟拓展旅行租车和散客组团的业务，进行业务流程再造(表6-3)。主要解决：散客便捷组团、单位便捷租车、散客便捷出行。

表6-3　业务流程再造安排

业务流程	部　门
与外地交通运输企业、景点、酒店等签订合作协议	营销部
网上公布租车、组团信息	营销部
网下租车、组团营销	营销部
网上确定业务协议、计划调度	计调部
带团、跟团	计调部
收费、支付	财务部
投诉受理、质量监控	质监部

课外实践

结合创业企业的实际情况，选择项目和业务流程分析方法，对该项目的业务流程进行分析。

任务三：建立赢利模式拓展业务

成功的商业模式能提供独特价值。有时候这个独特的价值可能是新的思想；而更多的时候，它往往是产品和服务独特性的组合。这种组合要么可以向客户提供额外的价值；要么使得客户能用更低的价格获得同样的利益，或者用同样的价格获得更多利益。

企业的商务结构主要指企业外部所选择的交易对象、交易内容、交易规模、交易方式、交易渠道、交易环境、交易对手等商务内容及其时空结构；企业的业务结构主要指满足商务结构需要的企业内部从事的包括科研、采购、生产、储运、营销等业务内容及其时空结构。业务结构反映的是企业内部资源配置的情况。商务结构反映赢利模式分为自发的赢利模式和自觉的赢利模式两种。前者的赢利模式是自发形成的，企业对如何赢利、未来能否赢利缺乏清醒的认识，企业虽然赢利，但赢利模式不明确不清晰，其赢利模式具有隐蔽性、模糊性、缺乏灵活性的特点；后者，也就是自觉的赢利模式，是企业通过对赢利实践的总结，对赢利模式加以自觉调整和设计而成的，它具有清晰性、针对性、相对稳定性、环境适应性和灵活性的特征。

通过对赢利模式的系统研究，我们发现，赢利模式是企业在市场竞争中逐步形成的企业特有的赖以赢利的商务结构及其对应的业务结构。在市场竞争的初期和企业成长的不成熟阶段，企业的赢利模式大多是自发的。随着市场竞争的加剧和企业的不断成熟，企业开始重视对市场竞争和自身赢利模式的研究，即便如此，也并不是所有企业都有找到赢利模式的幸运。

实　例

“一招鲜，吃遍天。”在这样一个诱惑多多的年代，要静下心来，专精一门是不容易的，要不然就不会有几年来“多元化”在国内企业界的甚嚣尘上了。也许你认为指甲钳太“小气”了吧？

广东中山圣雅伦日用制品有限公司(香港聚龙集团全资子公司)紧紧抓住指甲钳主业不放，在指甲钳上做精做强。为了学艺取经，公司老总曾在一年中遍访指甲钳生产大国德、日、韩等国。率领公司人员进行技术攻关，礼请欧洲名师进行产品造型设计，终于成功开发出了圣雅伦牌指甲钳等美甲用品系列，产品达数百款。经过数年的品牌推广，圣雅伦牌指甲钳系列产品已经成为与德国、韩国三足鼎立的世界品牌，并连续六年被中国五金制品协会授予中国指甲钳行业第一品牌的称号。

课外实践

结合创业企业的实际情况，综合分析后写一份赢利模式建议报告和计划书。

任务四：新项目合作模式

所谓合作，是指一种联合行动的方式，也就是个人与个人、群体与群体之间为达到共同目的，彼此相互配合的一种联合行动。对创业者来讲，通常要进行的是企业间的项目合作，即不同的企业之间通过协议或其他联合方式共同开发产品或市场，共享利益，以获取整体优势的经营活动。

当今具有代表性的企业项目合作形式有：业务外包、虚拟企业、战略联盟、供需链管理、企业合作网络、企业集团等。结合大学生的创业实践，这里主要介绍前四种。

一、业务外包

业务外包是指将某项业务活动、流程或功能的管理与执行责任转移给外部的服务供应商，以便提高效率和绩效。业务外包通常涉及将客户的固定资产和员工转移给服务供应商，合同期限通常是在1—10年。

业务外包所推崇的理念是：如果我们在企业价值链的某一环节上不是最好的，如果这又不是我们的核心竞争优势，如果这种活动不至于把我们同客户分开，那么我们应当把它外包给最好的专业公司去做。也就是说，首先要确定企业的核心竞争优势，并把企业内部的智能和资源集中在那些具有核心竞争优势的活动上，而将剩余的其他企业活动外包给最好的专业公司。

业务外包的内容通常是企业中的某项职能，比如人力资源、采购、物流等，也可能是业务职能内的某些离散活动，如福利管理、战略采购、仓库等。因此，我们可以把业务外包分为两类：

BPO：BPO服务是指将一项或两项以上的完整的业务流程或整个业务职能的管理与执行转移给一个外部服务供应商。BPO服务供应商参与被外包的业务职能的决策，其服务水平主要由客户服务和战略业务价值决定。战略业务价值体现在生产率的提高、新业务机会的发现、新收入的产生、成本削减、业务转型、股东价值的提高上。

处理服务：处理服务是指将一些活动或单个业务流程的管理与执行转移给一个外部服务供应商，这些活动或业务流程通常工作量非常大，而且可能已经实现了自动化。处理服务的服务水平主要由一些战术性指标决定，如准确性、时间、效率。处理服务通常是标准化的，针对各个客户的定制很少或几乎没有。

企业在制定和签署业务外包合同时应注意以下几点：

(1)完善业务外包合同的管理制度。包括外包合同的管理部门及职责界定、外包合同的签署方式和审批流程、外包合同的定期复核和调整机制、外包合同争议的处理方式等管理制度。

(2)完善业务外包合同的内容。完善的业务外包合同应包括以下内容：外包服务的范围，术语界定，服务的最低标准，外包商人员、技术、设备的配备要求，支付标准与要求，激励与惩罚，考核标准，数据资料的所有权及保密，是否允许与第三者合作，是否允许分包，对对方及第三方造成损害的责任承担，纠纷解决机制与法律适用，合同变更、终止、解除条件和不可抗力等。

课外实践

根据企业发展需要，选择一个业务外包项目进行分析。

二、虚拟企业

虚拟企业，是指当市场出现新机遇时，具有不同资源与优势的企业为了共同开拓市场，共同对付其他的竞争者而组织的，建立在信息网络基础上的共享技术与信息，分担费用，联合开发的、互利的企业联盟体。

虚拟企业常常是由于参与联盟的企业追求一种完全靠自身能力达不到的超常目标而出现的，即这种目标要高于企业运用自身资源可以达到的限度。因此，企业必须突破自身的组织界限，与其他对此目标有共识的企业实现全方位的战略联盟，共建虚拟企业，才有可能实现这一目标。

虚拟企业是一种具有代表性的合作企业策略，它实际上是一种短期的、只限于一个或几个项目周期内的企业网络结合。

一般认为，虚拟经营是指一个企业或多个企业以资源为核心，为实行特定的企业战略目标，依靠信息，通过一种网络式的联盟，实现资源的最佳组合和企业的快速发展。虚拟企业一般仅保留企业中最关键的功能和职能部门，而将其他的功能和职能部门虚设或省略，借助灵活的运营机制来达到充分利用资源、降低市场风险的目标。

虚拟企业运作模式是指建立在现代通信技术(尤其是 Internet 技术)基础上、超越国界的一种企业运作模式，是企业发展的必然趋势。它是为适应快速、多变的市场需求，制造商联合供应商、经销商、顾客，以共同地、及时地开发、生产、销售多样化、用户化的产品的一种企业模式。从资源配置的角度来看，虚拟企业运作模式是一个资源整合体，这些资源来自不同的企业成员并被整合，具有“1+1>2”之功效。

虚拟企业的产品即虚拟产品(包括有形商品和服务)。理想的虚拟产品，对顾客而言，能根据其需要，及时地被生产出来，并送到他们手中。对厂商而言，大多数产品已先于其生产而存在，有关产品的设计、生产方式已存在于工作团队的意识里，存在于计算机中，存在于灵活的生产线上。即使没有完全相同的产品，毫无疑问，也会有诸多极其近似的产品。这样，厂商就能以较高的投入产出比提高顾客的满意度。

虚拟企业主要有如下 4 个运作平台，即信息网络、知识网络、物流网络、契约网络。知识网络、物流网络的建立以信息网络、契约网络为基础；物流网络、知识网络又使信息网络、契约网络本身具有实际运用价值；契约网络的形成也需借助信息网络。4 个网络具有一定的重叠关系，知识网络与信息网络有重叠，契约网络内含在物流网络与知识网络之中。

1. 信息网络

虚拟企业是信息时代的产物，只有充分利用先进的信息技术与设施，虚拟企业才能对顾客的需要做出及时的反应。信息时代是信息和知识在社会中扮演主要角色的时代，衡量一个时代是否进入信息时代，通常有5个主要因素：

(1)劳动力结构已出现根本性转变，从事信息工作的人员占在业人员总量的50%以上；

(2)信息经济占国民经济总产值的50%以上；

(3)已经建立起先进的信息网络系统；

(4)知识已成为社会发展的巨大资源和主要推动力；

(5)社会生活已经信息化。

2. 知识网络

知识网络是指通过信息网络将各具核心能力的企业连接起来，构成“核心能力”网络。虚拟企业既要利用企业内部的知识网络，更要将内部网络与其他虚拟企业的知识网络连接，形成一个全球范围内的知识网络。

创建知识网络的步骤包括：

(1)建立知识资料库，收集能与本企业形成能力互补的优秀企业的详细信息；

(2)与上述企业建立长期伙伴关系，互相向对方转让各自核心能力使用的“期权”，形成“契约网络”；

(3)通过信息网络将契约网络内的企业联结起来，形成知识网络。

3. 物流网络

虚拟企业有效运作是建立在物流网络基础上的，建立程序主要是：

(1)根据经济项目选择合作对象，形成暂时起作用的知识网络；

(2)根据该经济项目的客户对象的主要特征，选择物流的核心企业，将它们纳入准备运转的知识网络；

(3)在知识网络内建立契约网络，从而形成物流网络。

4. 契约网络

知识网络、物流网络的形成，都离不开契约网络。虚拟企业既不是单纯的企业，也不是单纯的市场，而是具有“半企业、半市场”的特征。从契约角度研究，虚拟企业是通过大量间续式的双边规则来维系的，其实际形态就是虚拟企业形成的“契约网络”。契约网络的建立是在对合作对象的核心能力是否具有互补关系进行确认的基础上，首先形成骨架性的契约网络即一级网络，然后，在此架构下再由任何一个企业向下继续发展次级契约网络来完成的。

三、战略联盟

战略联盟的概念最早由美国 DEC 公司总裁简·霍普兰德和管理学家罗杰·奈格尔提出。他们认为，战略联盟指的是由两个或两个以上有着共同战略利益和对等经营实力的企业，为达到共同拥有市场、共同使用资源等战略目标，通过各种协议、契约而结成的优势互补或优势相长、风险共担、生产要素水平式双向或多向流动的一种松散的合作模式。

战略联盟的主体对象十分广泛，它不仅包括企业通常意义上的合作实体，如互补意义上的生产商、科研院所、政府部门、供应商、上下游企业等，还可能包括昔日甚至目前的对手。战略联盟的主体之间的合作，有时是全面的，但更多的时候是基于某一特定的目的，在某一方面所进行的合作。

战略联盟的主要类型见表 6-4。

表 6-4　战略联盟的主要类型

研究的视角	战略类型
治理结构	股权式联盟(合资、相互持股)，契约式联盟(生产、研发、销售等环节)
价值链的角度	横向联盟，纵向联盟，混合联盟
合作的正式程度	实体联盟，虚拟联盟

其中，实体联盟是指主要靠股权、合作协议等具有法律效力的契约约束组成的联盟。

虚拟联盟是指不涉及所有权的和以法律作为约束力的、彼此相互依存的联盟关系。维系虚拟联盟更多的是靠对行业法规的塑造、对知识产权的控制以及对产品或技术标准的掌握和控制来实现的，通过这些“软约束”协调联盟各方的产品和服务。

战略联盟的主要形式有：

(1)合资。由两家或两家以上的企业共同出资、共担风险、共享收益而形成的企业，是目前发展中国家尤其是亚非等地普遍采用的形式。合作各方将各自的优势资源投入到合资企业中，从而使其发挥单独一家企业所不能发挥的效益。

(2)研发协议。为了某种新产品或新技术，合作各方鉴定一个联发协议，以汇集各方的优势，提高成功的可能性，加快开发速度。由于是各方共担开发费用，所以也降低了各方的开发费用与风险。

(3)定牌生产。如果一方有知名品牌但生产力不足，另一方则有剩余生产能力，则另一方可以为对方定牌生产。一方可充分利用闲置生产能力，谋取一定利益。对于拥有品牌的一方，还可以降低投资或购并所产生的风险。

(4)特许经营。通过特许的方式组成战略联盟，其中一方具有重要无形资产，可以与其他各方签署特许协议，允许其使用自身品牌、专利或专用技术，从而形成一种战略联盟。拥有方不仅可获取收益，并可利用规模优势加强无形资产的维护，受许可方当然也利于扩大销售，谋取收益。

(5)相互持股。合作各方为加强相互联系而持有对方一定数量的股份，这种战略联盟中，各方的关系会更加紧密，而双方的人员、资产无须合并。

四、供需链管理

在全球化竞争条件下，任何企业都不能孤立地存在，必须依靠上游的供应商和下游的客户，并形成合作关系，否则就很难在现代的市场竞争中生存下来。

在市场经济条件下，供应总是由需求产生的，没有需求就谈不上供应。在众多的关于供需链的定义中，美国生产与库存管理协会(APICS)的解释相对来说比较全面。APICS认为，供需链是一种具有生命周期的流程，包含物料、信息、资金和知识流，其目的是通过众多链接在一起的供应商共同提供产品和服务，满足最终用户的需求。

从APICS的概念中，我们可以看出，供需链是动态变化的。随着市场的发展和变化，原先的供需链可能需要不断地调整和优化。供需链强调是由多个流组合在一起的，并创新地提出了“知识流”的概念。供需链之所以能够形成，主要就是基于这些“流”在供需链中的各个组织之间的流动。

因此，供需链管理实际上是一个企业与其供应商、供应商的供应商，依次向前直到最初的供应商，以及与其销售商、销售商的销售商，按此向后直到最终用户之间的关系网链。供需链管理是市场渠道各层之间的一个联结，是控制供需链中从原材料到各制造和分销商直到最终用户的一种管理思想和技术。

课外实践

选择一种新项目合作模式，对创业实践进行分析。

任务五：新产品新业务开发报告书

新产品新业务的开发一般包括 8 个环节。

1. 寻求创意

新产品开发过程是从寻求创意开始的。新产品创意的主要来源有顾客、科学家、竞争对手、企业推销人员和经销商、企业高层管理人员、市场研究公司、广告代理商等。

除了以上几种来源外，企业还可以从大学、咨询公司、同行业的团体协会、有关的报刊媒介那里寻求有用的新产品创意。一般说来，企业应当主要靠激发内部人员的热情来寻求创意。这就要建立各种激励制度，对提出创意的职工给予奖励，而且高层主管人员应当对这种活动表现出充分的重视和关心。

2. 甄别创意

取得足够创意之后，要对这些创意加以评估，研究其可行性，并挑选出可行性较高的创意，这就是创意甄别。创意甄别的目的就是淘汰那些不可行或可行性较低的创意，使公司有限的资源集中于成功机会较高的创意上。

甄别创意时，一般要考虑两个因素：一是该创意是否与企业的战略目标相适应，表现为利润目标、销售目标、销售增长目标、形象目标等几个方面；二是企业有无足够的能力开发这种创意，这些能力表现为资金能力、技术能力、人力资源、销售能力等。

3. 形成产品概念

经过甄别后保留下来的产品创意还要进一步发展成为产品概念。在这里，首先应当明确产品创意、产品概念和产品形象之间的区别。所谓产品创意，是指企业从自己的角度考虑它能够向市场提供的可能产品的构想。所谓产品概念，是指企业从消费者的角度对这种创意所作的详尽的描述。而产品形象，则是消费者对某种现实产品或潜在产品所形成的特定形象。

4. 制定市场营销战略

形成产品概念之后，需要制定市场营销战略。企业的有关人员要拟定一个将新产品投放市场的初步市场营销战略报告书。它由三个部分组成：

(1) 描述目标市场的规模、结构、行为，新产品在目标市场上的定位，头几年的销售额、市场占有率、利润目标等。

(2)略述新产品的计划价格、分销战略以及第一年的市场营销预算。

(3)阐述计划长期销售额和目标利润以及不同时间的市场营销组合。

5. 营业分析

新产品开发过程的第五个阶段是进行营业分析。在这一阶段，企业市场营销管理者要复查新产品将来的销售额、成本和利润的估计，看看它们是否符合企业的目标。如果符合，就可以进行新产品开发。

6. 产品开发

如果产品概念通过了营业分析，研究与开发部门及工程技术部门就可以把这种产品概念转变成为产品，进入试制阶段。只有在这一阶段，文字、图表及模型等描述的产品设计才会变为确实的物质产品。这一阶段应当搞清楚的问题是，产品概念能否变为技术上和商业上可行的产品。如果不能，除在全过程中取得一些有用副产品即信息情报外，所耗费的资金则全部付诸东流。

7. 市场试销

如果企业的高层管理对某种新产品的开发试验结果感到满意，就着手用品牌名称、包装和初步市场营销方案把这种新产品装扮起来，把产品推上真正的消费者舞台进行试验。这是新产品开发的第 7 个阶段，其目的在于了解消费者和经销商对于经营、使用和再购买这种新产品的实际情况以及市场大小，然后再酌情采取适当对策。市场试验的规模取决于两个方面；一是投资费用和风险大小，二是市场试验费用和时间。投资费用和风险越高的新产品，试验的规模应越大一些；反之，投资费用和风险较低的新产品，试验规模就可小一些。从市场试验费用和时间来讲，所需市场试验费用越多、时间越长的新产品，市场试验规模应越小一些；反之，则可大一些。不过，总的来说，市场试验费用不宜在新产品开发投资总额中占太大比例。

8. 批量上市

经过市场试验，企业高层管理者已经占有了足够的信息资料来决定是否将这种新产品投放市场。如果决定向市场推出，企业就须再次付出巨额资金：一是建设或租用全面投产所需要的设备。这里工厂规模大小是至关重要的决策，很多公司为了慎重起见都把生产能力限制在所预测的销售额内，以免新产品收不回成本。二是花费大量市场营销费用。

经过一段时间的创业或参与创业，大学生已经积累了一定的实践经验，有的已经有赚钱的门道，尝到赚钱的甜头了。这个时候，我们该为创业企业的下一步发展做些思考了。其中的重要任务是谋划今后做什么和怎么做，把你的经验和思考凝聚在新产品新业务开发报告书中。

一般来说，新产品新业务开发报告书包含以下几个方面的内容：

(一)对前期业务工作的回顾总结

1. 业务概况

主要包括项目的背景、经营状况、独特优势、行业现状、发展趋势、存在问题。

2. 市场反映

包括供应商、公司内部各部门员工、用户、竞争产品的比较、公开发行物(含网络)信息等。

3. 赢利模式

综合起来，提出产品业务更新和赢利模式建立的建议。

(二)新产品新业务设计拓展

4. 列表分析同行优秀产品、业务

产品概念(包括外观与功能等)、营销策略、生产工艺、成本等。

5. 寻求、甄别创意，确定产品概念

企业外专家的意见，企业内员工的意见。

符合企业利润目标、销售目标、形象目标等的创意，符合企业资金能力、技术能力、人力资源、销售能力的创意。

经过讨论形成的为消费者服务的详尽描述和产品形象，特别要指出满足消费者的哪些具体需求。

6. 制定市场营销战略

具体的营销战略，营业分析。

(三)产品开发、市场试销

7. 产品开发

产品图纸(或业务方案)，产品制造，根据投资费用和风险确定试销(试行)方案。

8. 市场试销

通过企业自身研发部门的努力，开发原创产品，改进产品的性能，调整产品的形态和开发新品牌。

9. 附件

主要为项目方的相关材料，包括调查资料、创意、产品(业务)设计书等。

课外实践

按照基本环节，写出创业公司新业务开发报告。

【学习资料】

关键成功因素法

关键成功因素法(Key Success Factors, KSF)是信息系统开发规划方法之一，由哈佛大学教授 William Zani 于 1970 年提出。

关键成功因素是在探讨产业特性与企业战略之间的关系时常使用的概念，是指能结合本身的特殊能力，对应环境中重要的要求与条件，以获得良好的绩效的因素。

关键成功因素法是以关键因素为依据来确定系统信息需求的一种 MIS 总体规划的方法。在现行系统中，总存在着多个变量影响系统目标的实现，其中若干个因素是关键的和主要的(即成功变量)。通过对关键成功因素的识别，可以找出实现目标所需的关键信息集合，从而确定系统开发的优先次序。

关键成功因素的 4 个主要来源：

(1) 个别产业的结构。不同产业因产业本身特质及结构不同而有不同的关键成功因素。这些因素决定了产业本身的经营特性，因此，该产业内的每家公司都必须注意这些因素。

(2) 竞争策略、产业中的地位及地理位置。企业的产业地位是由历史与现在的竞争策略所决定的。在产业中每家公司因其竞争地位不同，其关键成功因素也会有所不同。对于由一两家大公司主导的产业而言，领导厂商的行动常会给产业内的小公司带来重大的问题，所以对小公司而言，大公司竞争者的策略，可能就是其生存和竞争的关键成功因素。

(3) 环境因素。外在因素(总体环境)的变动，会影响每个公司的关键成功因素。如在市场需求波动大时，存货控制可能就会被视为关键成功因素之一。

(4) 暂时因素。大部分暂时因素取决于组织内的特殊情况，这些因素可能会在某一特定时期对组织的成功产生重大影响。

第四篇

案例篇

第七章 大学生创业成功案例

案例 1：手机维修店的开设

高职应用电子专业大学生金峰对应用电子很有兴趣，一直怀有运用专业技术进行创业的志向。他在电子企业打过工，也喜欢摆弄一些小电器。进入大学后，他发现高教园区手机、小电器修理很不方便，觉得搞手机维修也挺适合自己，于是他开始有意进行了初步调查。

然而，金峰虽然是电子专业的学生，但维修手机的技术还是不足。于是，他和另一位同学合作，首先学习了《手机的组成和工作原理》、《手机主要元器件的设别、检测与维修》、《电脑 DIY》，又利用暑期去电子市场拜师学习手机和电脑维修。经过观察、调查，对手机等的维修作了以下分析(表 7-1)：

表 7-1　手机维修调查分析表

序号	行业竞争分析	主要内容
1	手机、MP3、电脑等	手机维修焊接技术要求较高、电脑维修技术要求较低；高校学生手机普及率 80%。
2	行业结构分析	高教园区手机维修市场竞争强度一般，投入成本较低。
3	竞争对手分析	竞争对手经营熟悉，善于抓住消费者心理。
4	消费者分析	大学生消费群体，手机等较为时尚，经济不宽裕。
5	市场地位分析	产品定位：手机等；对象：大学生；生产定位：维修服务。

2005 年 1 月，金峰和其他三位同学合作，投入 1.9 万元的手机维修店在学校创业园开业了。店面只有 16 个平方米，墙面进行了简单的粉刷，做了两节柜

台，修手机、小灵通，还附带着卖配件、充电器、电池等，生意不错。

实践下来，金峰认为要想开好一个手机维修店有几点非常重要：

(1)技术要好，做事认真。每次顾客拿手机来店维修时，都要仔细检查，清楚地指出手机的毛病在哪里。

(2)要有耐性。维修手机是个细活，有些零件是单独设置在里面的，有些零件却是有连接性的。要是个性急的人，修理这个零件时可能会不小心破坏了另一个零件。这也是手机维修成本较高的原因之一。

(3)与顾客打交道要和气。开店，态度友好是基本要求。

金峰结合自己的特点适时地抓住了机遇，但这只是成功的一个前提。在经营中有自己朴素却有效的经营策略却是成功的关键。和气生财、诚信经营，这些被说滥了的经营理念，不是每个人都能做到的。

创业公司运作篇：手机维修店复制与新业务拓展

几年来，金峰同学的手机维修业务一直不错。创业实践增添了他搏击商海的信心和初步的能力，使他明白了要长期坚持诚信为本的经营之道，明白了独到的技术技能的竞争优势。回顾了几年来的创业经历后，他又有了新的创业拓展计划。

1. 回顾创业过程

创业种类、资金规划、阶段目标、财务预估、行销策略、可能风险评估。

2. “技术+经营”模式的复制

(1)“技术+经营”模式的运用。小试牛刀后，金峰觉得，如果拥有一定的专业技能，那么开一个维修店是一个不错的选择。2006年，金峰感觉市场上电瓶车越来越多，电瓶车的维修需要一定技术，一般人维修还有一定困难。寒假回到老家金华，跑了一圈市场，到维修部去修理了一次电瓶车，并进行了评估，觉得还能赚钱。于是，他与下岗在家的姐姐和姐夫商量，金峰出资6万元，姐夫外出学习后回来开店。两年来，维修部经营不错，金峰在收回投资后就退出了电瓶车维修部。

(2)维修部的复制。金峰又在一所本科院校边上开了一家手机维修店。

3. 技术承包

浙江省小型电子生产厂家众多，但真正熟悉工作原理，掌握PCB设计技巧，尤其是能合理、科学布线的企业少之又少。金峰在校期间，参加了浙江省大学生电子设计大赛，获得高职组一等奖。他把培训期间老师的辅导材料，整理成《印制电路板(PCB)工艺设计》，介绍了常用电路拓扑形式，搜集了典型 PCB 排版实例，介绍了 SMT 元器件的工艺要求。在老师的帮助下，他又去企业进行了调研，提出了制版承包方案。主要业务有：

(1)开关电源印制电路板(PCB)。

(2)制作 LED 广告、树脂发光字制作、色浆和光扩散剂的不饱和聚酯树脂，并在其中同时浇注直接压焊有 LED 管芯的印刷电路板。

案例 2：万方物流，让他走上了创业路

1. 当免费帮工，熟悉公司业务

沈建强是湖州职业技术学院物流管理专业的学生。由于兴趣和专业的原因，沈建强自从进入学校以后，就喜欢经常有事没事地往创业园溜。在诸多学生创业公司中，沈建强对万方中介物流公司情有独钟，决心去探个究竟。一个偶然的机会，万方中介公司业务繁忙，人手不够，沈建强自告奋勇，主动去当免费帮工，帮助公司寄送快递、打包、搬运物品。一回生，二回熟，几次下来，沈建强不仅熟悉了公司业务(图 7-1)，还与公司的经理(学长)成为了好朋友。

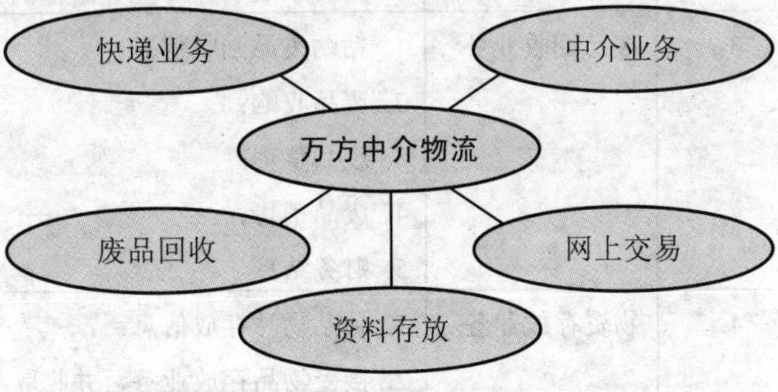

图 7-1　公司主营业务图

2. 发现赢利模式，酝酿自主创业

熟悉了公司业务后，沈建强静下心来，仔细分析、记录各项业务的工作流程，并进行概括提炼。功夫不负有心人，经过一段时间的观察与思考，沈建强不仅搞清楚了公司的业务流程(见表 7-2)，还知道了公司的赢利模式和利润分配方案。在此基础上，沈建强决定自主创业，来实现自己的创业梦想。

表 7-2 公司主营业务流程

序号	业务模块	业务工作流程
1	快递业务	1. 客户提出托运需求； 2. 工作人员仔细检查托运物品； 3. 客户阅读运单“契约条款”，并详细填写托运单； 4. 包装、封包、货物和订单对照确认； 5. 收取费用，并给客户“客户联”； 6. 扫描信息，并输入信息系统； 7. 集货，并进行分拣； 8. 填好清单，发货到市级代理商处扫描； 9. 装货上车，支付成本费用； 10. 进行公司财务结算。
2	中介业务	1. 收集工作岗位信息； 2. 宣传岗位招聘信息； 3. 咨询报名； 4. 签订招聘协议，出具公司介绍信； 5. 收取中介费用； 6. 应聘不成功，可凭介绍信回执单退还全额中介费。
3	废品回收业务	1. 粘贴废品回收信息； 2. 废品收购； 3. 废品整理； 4. 废品销售； 5. 财务结算。
4	物资存放业务	1. 粘贴物品存放信息； 2. 接受物品存放业务，并收取相应费用； 3. 做好物品标号及保管； 4. 办理物品领取手续； 5. 财务结算。
5	网上交易业务	1. 粘贴加盟合作信息； 2. 吸收淘宝网 VIP 客户； 3. 通过网上平台销售商品； 4. 完成资金结算。

3. 起草创业计划书，成功竞标

为了实现自己的创业梦想，沈建强除了主动加强“物流实务”、“运输服务与组织”、“采购与仓储服务”、“配送服务与组织”、“物流市场调研”、“物流信息技术与 E3 系统操作”、“业务结算与绩效考核”、“物流创业计划”等专业课程的学习外，还利用暑假时间主动开展物流市场调研，到物流企业打零工。一年一度的公司竞标时间马上就要到来了，沈建强根据自己当免费帮工的经验，运用 SWOT 分析法(见图 7-2)，积极构思创业思路，拉上几个同学，起草创业计划书，参与公司竞标。在经过几轮较量后，沈建强凭优秀的创业构思及经验，赢得了公司经营权。从此，沈建强和他的团队开始走向了创业之路。

S 1. 公司位于大学生密集的大学生创业园内。 2. 一支懂物流管理的创业团队。 3. 公司运营费用少，店租、员工工资低廉。	W 1. 公司规模小，没有健全的收发系统。 2. 物流设施落后，信息化水平不高，操作流程繁琐。 3. 没有仓库，快件堆放店门外，存在安全隐患。 4. 员工由学生兼职，流动性大，不稳定。
O 1. 学校鼓励大学生创业的政策优势。 2. 高教园区周边尚未有专业物流公司； 3. 电子商务为物流业的发展提供了技术条件和市场环境。	T 1. 物流渠道不畅，市场有效需求不足； 2. 随着高教园区周边配套设施和功能的完善，其他快递公司陆续加盟，开始瓜分这块蛋糕。

图 7-2 万方中介物流公司的 SWOT 分析图

4. 运营创业公司，提高管理能力

获得竞标权后，沈建强与他的团队运用课堂所学的“第三方物流”的中介物流服务理念，结合自身的打零工经验，开展快递业务。在此基础上，主动与企业人力资源部门联系，为学生寻找短期工作和暑假工作牵线搭桥；主动深入学生宿舍区，加强公司业务宣传，搭建校园二手物资交易平台；充分发挥电子商务专业的资源优势，发展淘宝网 VIP 用户。公司经过一年时间的运营，实现经营收入 6 万元，扣除人员工资、运输费用等后，净赢利 1.8 万元。

在运营公司的一年多时间里，沈建强说，最大的收获是管理能力得到了全面提升，尤其是以前自己比较薄弱的人际关系处理、团队建设等方面得到了全面提高。

剖析沈建强的创业过程，对我们这些即将走上社会的大学生来说，有几点经验是值得借鉴的：

一是创业过程的心态十分重要。当你有个好的想法时，就应该立刻去做，不要听别人怎么说，只有你自己去尝试、去摸索，才会知道这个想法究竟有多好。在创业过程中，即使失败了，也没有关系，因为我们也能从中会学到很多东西，这本身就是资本，就是财富。

二是要做好创业准备。机会总是留给那些做好准备的人。只有站在市场中，才会认识到“有需求才有市场”这句话的分量。如何花费最小的成本将效益最大化，完全取决于决策者的洞察力与整合资源的能力。

三是大学生要想做成一件事情，资金不是最重要的，重要的是要敢想、敢冒险，善于学习，善于从实践中获得经验。大学生最大的资本就是可以毫无顾虑地做很多事情，这是一种积淀。

【点评】由于学校创业公司的运作体制，沈建强只能运营公司一年。在这一年里，沈建强不仅学完了专业课程，还学会了市场调查、公司创建、公司管理的具体方式方法。沈建强是幸运的，但这只是开头，是万里长征的第一步。今后，摆在沈建强面前的路还很长。沈建强自己也说，社会才是一个真正体现人生价值的大舞台，他要运用课堂、公司管理过程中所学到的知识，选择一个好的创业项目，开始人生新的创业历程。

创业公司运作篇：万方物流成功模式的复制与公司化运作

沈建强的家是宁波沿海城市的一个中等集镇，镇上有5万多人口，除了EMS外，镇上还没有其他快递公司。大学毕业后，沈建强没有向其他同学一样急着跑人才市场，也没有到处去参加招聘会，而是回到老家，走访机关企事业单位，调查了解市场需求。他要用大学创业园学到的知识，回家乡创办物流公司。

经过市场调查，沈建强了解了家乡第三方物流服务的现状，也知道了家乡物流服务业滞后的真正原因。从调查情况来看，家乡人对第三方物流服务不满意的原因主要有：寄送成本高，传递信息不及时、不准确，投递作业速度慢，服务内容不全，服务态度不好，网络服务不好，未能及时满足需求波动，不能提供供应链整合，不能提供管理与咨询服务。

沈建强充分认识到，在现代竞争激烈的市场上，客户需求是推动物流市场发展的根本动力。没有市场需求，物流企业就失去了赖以生存的根基。沈建强经过与公司总部的洽谈与协商，很快就达成了合作意向，将在学校获得的成功经验在家乡进行复制。

在沈建强看来，第三方物流企业应该及早转变经营观念，由原来的以自我为中心转为以客户为中心，以作业为中心转向以市场为导向。公司应该主动增强服务意识，妥善处理与顾客之间的关系，重视客户的市场需求。见图 7-3。

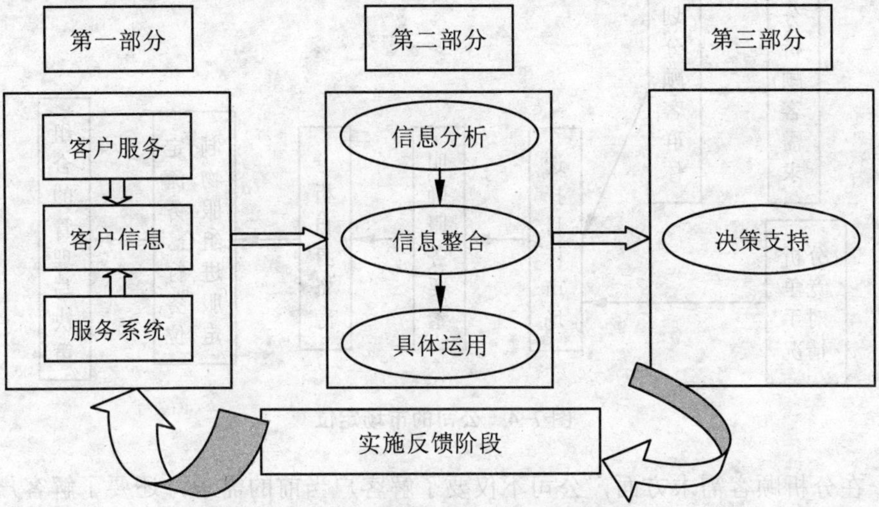

图 7-3　第三方物流 CRM 流程图

在此基础上，沈建强很快就完成了公司登记注册，并着手开始公司运营。在公司运营过程中，沈建强主要采取了如下措施：

1. 处处以客户为中心，主动开拓市场

在营销上，公司采取整体营销策略，将公司客户分成 A、B、C 三类，分别采取不同措施进行分类管理。

在组织机构设置上，落实专人负责客户的开发、回访、维护及服务特色的宣传。在公司里，营销人员不只是简单地揽货源，而是要到客户中去了解客户目前以及潜在的需求，了解客户对企业服务的满意度、在满足服务需求上存在的差距及企业可以改进的地方等各种有关服务需求的信息，要能够根据企业的要求提出初步的服务方案，开发出长期合作的客户。因此，营销人员的素质要求较高，既需要营销的知识，也需要专业的物流知识。

在质量管理方面，为了向客户提供可靠的服务，公司实施 TQC 管理，加强客户沟通，及时解决服务过程中出现的各种问题，以保证物流企业提供给客户满意的服务。

2. 规范流程，正确定位市场

作为第三方物流企业，公司需要了解市场需求和竞争对手的状况以及自身的条件，在此基础上进行市场定位，制定竞争战略。根据公司的实际情况，目前，公司的市场定位如图 7-4 所示。

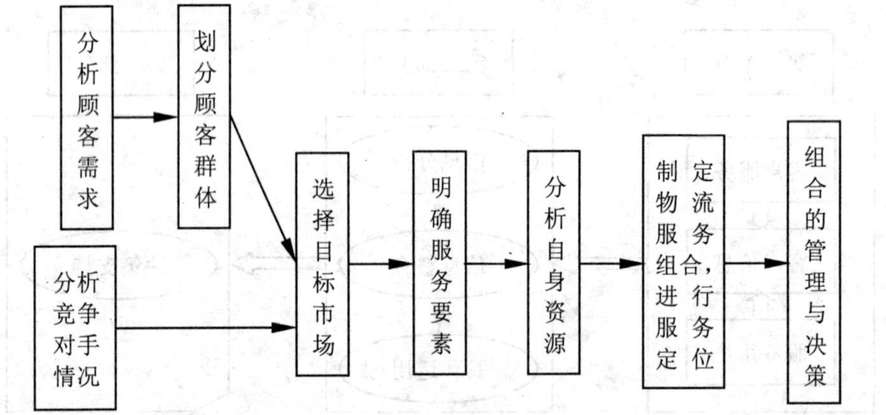

图 7-4 公司的市场定位

在分析顾客需求方面，公司不仅要了解客户当前的需求，还要了解客户的运营状态、行业特点、外包物流的需求动机、顾客需求与本企业所提供物流服务水平之间的差距、服务需要改善或提高之处、客户的潜在需求。

在与竞争对手比较方面，公司不仅主动了解细分市场上竞争对手的数量、规模、实力、服务水平、价格水平等信息，还对自身与竞争企业或优秀企业的服务水平进行比较。

在市场细分和目标市场选择中，公司能根据自身的条件来选择目标市场，确定适当的服务组合策略。

3. 根据市场定位需求，制定灵活的定价及结算体系

定价策略与公司的服务方式是相一致的。传统储运与现代物流服务的一大区别就是定价策略的不同。传统储运服务是功能单一、脱节的服务，主要按某一标准采取固定的统一定价，如仓储费按货物平方米/吨计算，运输价格分不同的运输方式、结合不同地区货物的重量及运输里程等计价，不同性质的货物有时还要采取一定的加成法，以适用不同的计费率。

公司针对当前物流市场的实际情况，制定了个性化、套餐式的价格，报总部备案。这样做既可使客户方便地估算成本，选择服务，又便于公司计算利润，并增加作业的灵活性。

在费用结算上，公司采取总量协议或提成的方法。这种结算方法的好处在于，对客户而言在测算成本或进行结算时，避免了大量单笔单结对企业财务运作账目和结算带来的巨大压力，节省了双方每期结算时的大量单证、校对，同时也使得企业的管理人员对物流的总支出一目了然，有助于客户方便地进行物流成本控制（表 7-3）。对公司而言，是物流系统化、集成化及服务个性化理念的体现。

表 7-3 企业物流费用结算方式表

费用的支付形式	生产企业	商业企业
仓储费、运费、包装费、信息费分开收支	69.20%	66.70%
按销售额比例提成	3.80%	33.30%
总量协议	21.20%	0
其他方式	5.80%	0
总计	100%	100%

公司运营两年来，取得了较好的业绩。

案例 3：生产性服务、消费服务产业发展

1. 服务业发展的特点和主要行业

现代服务业是以现代科学技术，特别是网络和信息技术为主要支撑，建立在新的商业模式、服务流程和管理方式基础上的技术和知识密集型的服务产业。据世界银行统计，当前全球服务业产值比重平均已超过了 60%，发达国家甚至超过了 70%，其中，现代服务业产值已超过了服务业总产值的 50%。与世界发达国家相比，我国现代服务业发展水平还严重滞后，创新能力薄弱，近年来服务业占 GDP 的比重一直在 40%左右徘徊，而且以传统服务业为主，吸引就业仅为 31%，不仅远低于经济合作与发展组织（OECD）国家 64.1%的平均水平，甚至还低于大多数发展中国家的水平（40%以上）。

当前我国现代服务业呈现出六大趋势：趋于持续快速增长；模式创新日益成为现代服务业竞争的核心；基于网络的第三方服务模式将成为现代服务业的

主流模式；信息资源、信息技术及信息网络运营平台是现代服务业的主导要素；不断变化的垄断竞争市场是现代服务业的主导性市场结构；现代服务产业与传统产业融合越来越明显。

发展现代服务业要面向农业生产资料、农产品流通、农业科技信息、能源、装备制造、大宗物品、耐用消费品、教育、医疗、保险、社会公共管理等行业，重点发展研究开发及产品设计服务、电子商务服务、现代物流服务、在线支付与金融服务、信息系统外包服务、科技信息与知识服务、在线专业服务、在线数字内容服务。商务部等有关部门要加强商业网点规划调控，鼓励发展连锁经营、特许经营、电子商务、物流配送、专卖店、专业店等现代流通组织形式。鼓励流通企业与生产企业合作，实现服务品牌带动产品品牌推广、产品品牌带动服务品牌提升的良性互动发展。

总体上说，服务业可以分为生产性服务和消费服务，具体细分见表 7-4。

表 7-4　现代服务业统计分类标准框架

行业大类	编号	细项内容
仓储业	58	数码仓库，配送中心，第三方物流，连锁商业和配送服务
邮政业	59	城际速递，跨地区速递，国际速递
电信和其他信息传输服务业	60	电话、电报、移动通信、互联网信息服务、数据传输、图文传真、卫星通信等电信业务和电信传输服务
计算机服务业	61	数据库开发、数据存储、数据库维护、楼宇智能化等计算机网络服务、数据处理业务、系统集成，计算机主设备维护
软件业	62	咨询业系统软件、中文信息处理软件、专业应用软件、管理软件、通用软件等计算机软件开发及其咨询
批发业	63	电子商情服务，网络仓库，虚拟市场
零售业	65	网上商城，网上书店
银行业	68	网络银行，无线移动银行，电子交易，电子钱包实时行情查询
证券业	69	网上证券交易
保险业	70	网上保险服务
其他金融活动	71	基于互联网提供服务的国际国内信托投资业务，财务公司，典当行，拍卖行，期货交易等
房地产业	72	各类房地产开发、经营、交易和租赁等业务，住宅发展管理、物业管理，房地产咨询服务、房地产顾问代理、房地产交易所、房地产估价所等房地产中介服务业

（续表）

行业大类	编号	细项内容
租赁业	73	人才租赁，融资租赁，汽车租赁，工程机械租赁，金融工具租赁
商务服务业	74	法律咨询，统计咨询，管理咨询，决策咨询，会计服务，税务筹划，审计服务，工程评估，质量认证，资产评估项目策划，广告策划，广告设计，广告代理，市场推广，国际国内会议服务、博览展示服务
研究与试验发展	75	信息、材料、生物、医药等领域的原创性成果
专业技术服务业	76	技术监测、鉴定，质量监督，标准制定以及计量，环境保护、监测
科技交流和推广服务业	77	技术推广和科技交流服务等科技中介服务业，各行业的工程设计，专利代理、产品设计等其他综合技术服务，科技项目评估，科技信息中介服务，科学技术咨询
教育	84	广播电视大学，教育频道教学，网络学院，网上知识库，网上培训社区，国际远程教学

2. 湖州工业园区生产性服务

生产服务在生产系统中的角色变化过程(见表 7-5)是：在工业时代，由于生产服务越来越广泛地被动参与到生产制造过程中，它的角色逐渐从充当“润滑剂”的管理功能转变为一种推动工业生产各阶段更高效运营以及增加产出价值(高附加值)的间接投入。在后工业时代，经济发展不再仅仅依靠工业生产，而且还依赖于其他经济部门，生产服务因为更全面地参与到经济发展的各个层面而成为新技术和创新的主要来源和传播渠道，更多地发挥了战略功能和“推进器”的作用。

表 7-5 生产服务在先进生产系统中的角色演变

I(20 世纪 50—70 年代) 管理功能(“润滑剂”作用)	II(20 世纪 70—90 年代) 促进功能(“生产力”作用)	III(20 世纪 90 年代至今) 战略功能(“推进器”作用)
财务	管理咨询	信息和信息技术
总量控制	市场营销咨询	创新和设计
存货管理	咨询工程(咨询业)	科技合作
证券交易	商业银行	全球金融中介
	房地产	国际大项目融资

湖州市政府高度重视促进服务业与工业的融合，出台了“关于加大推进工业转型升级政策扶持的意见”，推出了生产性服务业发展扶持政策，包括鼓励生产性服务业加快发展、推动工业企业实施主辅分离、加快售后服务领域的分离、发展科技型生产性服务业、鼓励工业企业大宗产品运输外包、引进发展总部经济等。扶持政策涵盖了税费减免、财政奖励、降低准入门槛等。其中规定：鼓励工业企业把现代物流、交通运输、仓储配送、营销售后服务、投资与技术服务、科技研发、信息咨询、工业设计等生产性服务业与主业分离，在涉及房产、土地使用权及其他资产过户所缴税收方面，三年内由财政给予实得部分 100%奖励。并鼓励工业企业大宗产品运输外包，对重点企业(年运输费用支出 300 万元以上)年度货物运输业务在本地缴纳的营业税比 2007 年增长的部分，三年内给予实得部分 50%的奖励等。表 7-6 是以湖州市区骨干企业为对象，按照国家统计局关于生产性服务业分类方法调查梳理而成的。

表 7-6　湖州市骨干企业生产性服务业分类

服务类型	服务内容	典型企业
物流	交通运输、仓储等服务运输、装卸、存储、流通加工	湖州华安物流发展有限公司。华安物流承担了泰仑绝缘子公司成品、半成品等物流、仓储、运输等业务。
租赁	租赁和商务服务	湖州久久物业管理有限公司厂房租赁、物业管理等。
信息、金融	信息传输、计算机服务和软件业，银行、证券、保险业，金融信托管理、金融租赁、典当服务。信息传输服务业由电信服务业和其他信息传输服务业(如广播电视传播服务、卫星传输服务等)组成；计算机服务业则包括计算机系统服务、数据处理等服务部门	
营销售后服务		自动扶梯、自动人行道、乘客电梯、观光电梯、病床电梯、载货电梯等产品的售后服务。

（续表）

服务类型	服务内容	典型企业
技术开发人力资源	技术服务教育、培训、咨询业	浙江世友木业有限公司 2010 年上半年启动了辅业分离进程。据该公司有关负责人介绍，公司计划在炭化木业务率先试点，炭化木主辅分离改革将以研发、设计和咨询为主业，分离生产、终端销售、施工、售后等其他辅业。 辅业分离后，公司将专业从事炭化木的科技研发、产品设计、装饰设计等工作，保持公司炭化木在行业内的领先优势，一方面能够为炭化木企业提供技术咨询、技术租赁、技术转让、产品设计等生产性服务；另一方面，还能够为别墅、园林、展厅、洗浴中心等高档场所提供专业的装饰设计服务。

3. 高校、社区的服务商机

随着经济水平的提高，社区生活方式的成熟，围绕社区的市场潜力越来越大，高校作为特殊社区也是商机无限。高等学校作为一个特殊的社区，蕴含着巨大的商机。我省每一所高等学校一般在校学生人数都超过一万，高教园区更是规模可观，是一个拥有巨大潜力的消费市场。大学生喜欢尝试新事物，崇尚新消费，个性明显，思维方式、生活理念和消费观念活跃，高校的学术交流和流动，激活了这个巨大的市场。本案例以学生的生活、学习、就业需求为线索，结合学校需求，梳理高校的无限商机。

【日常生活】

餐饮店：洋快餐麦当劳、肯德基、比萨；中式餐馆的川菜、粥店、火锅店、掉渣饼、大排档；冰吧、休闲吧、酒吧、茶楼、蛋糕店、烧烤、火锅等。可以连锁经营，也可以独立开设。不仅可以开在校园周边，还可以进食堂开设专窗。

日用品：衣服、方便食品、日用品等超市。把大学生兴趣列入经营重点。如圣诞节、元旦、情人节、开学等节日消费；鲜花、礼品、书籍、体育赛事等消费需求。

【休闲】

美容保健：美容保健、理发店、眼镜店、化妆品类产品等，这些店在高校周边很受关注。

娱乐：会馆、茶吧、水吧、网吧、歌厅等。

【培训、中介】

书店、培训机构：“家教”、“考研”都是热门词汇，“考证培训”、“四六级”、“公务员”、“考研”、“驾照”等培训内容丰富，还有商务印刷等。

中介：家教市场、勤工俭学、就业等，衍生了相应的家教中介市场。

【科技企业】

电子信息、创意设计、绿色环保、工程咨询。

案例 4：女装，成就了他的梦想

黄胜强是大学专科毕业的学生，八年前，看好了女装市场未来的发展前景，带着家里的 8 万元积蓄只身留在杭州四季青服装市场开始创业。如今，30 岁的黄胜强已经拥有 200 多名员工，注册资本 500 万元，年产值 3000 多万元的女装设计、生产和销售企业。

黄胜强的父母是农村土生土长的服装设计、加工、修补的“手艺人”和“能人”。就因这个原因，黄胜强读大专的专业选的是服装设计。“我从小就知道点服装设计知识，而且我还知道一件件衣服是怎样做出来的。”黄胜强说，“但想拥有一份自己的事业，也并非容易，需要付出很多。开始几年，我差点就崩溃了，但最后我还是坚持下来了，现在想想也很感动。”

1. 创业并非简单

“如果不创业，我可能还在穷山沟里，或者是一位打工者，顶多也是一位饿不死的手艺人。”黄胜强笑着说。他之所以选择创业，是因为他觉得自己平时做事很有想法，尤其是在大学三年，得到了很多启发，而且父母也支持他的行为，所以决定创业。

2002 年下半年，他怀揣 8 万元孤身留在杭州准备创业。据业内人士介绍，开一个小点的制衣厂启动资金也就 6—8 万元，而且回报率较高。当时的打算是这样的：招 15 个车位(专车衣服，其他师傅不算)，每个车位一天生产 20 件衣服(以女装为例)，每件衣服回报 6 元，支付车位工钱 3 元，还赚 3 元一件，一天就赚 900 元，一个月就是 27000 元了。再去掉厂房租金 3000 元，宿舍租金 1000 元，裁床工 1200 元，打边工 1000×2 名＝2000 元，指导工 1200 元，大烫 1300 元和杂工 900×2＝1800 元的工资以及水电等等，还可以赚至少 10000 元。

如果进一步扩大生产规模，请30个车位，那就赚得更多。

当时，没有想到太多的创业风险，头脑也想得简单，也可以说是头脑发热，说干就干。但是直到2003年上半年，相关的事宜才准备好，在杭州江干区租了一处农民房办起了服装加工厂。加工厂办起来后，并没有他想象的简单，很快就因为资金短缺而停工了。在家人没有后续资金、银行又贷不到款的情况下，黄胜强只得四处求人，在一位朋友的引见下，黄胜强决定与另一位朋友以合伙的方式开办服装生产厂。但这位朋友不懂服装，也不懂经营，为迅速扩大生产规模，一下子从市场上招了100多名员工，再次投入的20万元资金很快就打水漂了。黄胜强进入最艰难的时期，此后，该朋友要求退出，加上各种浪费，短短几个月，服装厂又亏损30万元。即便如此，他也没有想过放弃，而是咬紧牙关，继续向前走。

2. 机遇与挑战

2004年以来，正是杭派服装产业的黄金时段，黄胜强果断缩小生产规模，力求产品质量和款式，加工厂很快起死回生。“一开始小心谨慎，但不久后，加工厂慢慢顺利起来，销售额也逐步上升。”黄胜强说，“那个时候总体形势比较好，信心也渐渐好起来，半年后，我积聚了第一桶金。”此后，随着生产和销售数量的增加，服装厂规模日渐扩大，2004年末，服装厂不仅还清了全部债务，还赢利了50万元。此后几年，工厂进入了快速发展期，员工数量逐步增加，厂房面积日渐扩大，管理也开始规范化、上水平。

2008年金融危机以来，服装厂业务受到了一定程度的冲击，好在服装销售主要是国内市场，所以冲击并不大。进入2009年以来，上半年各项业绩平平，没有大起大落。下半年以来，各项业务开始好转，但招工开始变得困难起来，员工的流失率提高，服装厂的发展又遇到了新的瓶颈。2010年来，厂里提出了“调整、巩固、发展、再创新业绩”的目标，将创业的各项环节进行梳理，服装厂又有了新的发展。

3. 创业体会

刚开始创业的时候，挑服装、设计版样、找客户谈生意，甚至加工都是自己一个人在处理。“以前很喜欢资讯，看看别人穿什么衣服、颜色怎么搭配的，回公司后就有把服装设计出来的冲动。”黄胜强说。结合学过的服装设计知识，通过自己摸索、观察，他确立了自己做女装针织T恤的定位，后来生产的服装产品所有的版式都是他自己设计的。直到现在，黄胜强每到一个地方出差，都会去当地人流聚集的地方看看。

这么多年来从不懂经营到学到各种知识，都是靠勤奋得来的。黄胜强认为，要成功创业，必须慎重考虑如下问题：

(1)服装创业和别的行业一样具有一定的风险，如果你没有一定的资金做支撑就很难周转。

(2)定位问题。必要的市场调查很重要，究竟开一个什么样的服装生产企业？首先你要考察当地的市场，然后根据自己的特点去选定你所要经营的风格，这个风格必须是别的企业没有的或优势不太明显的，否则你只会随波逐流。

(3)货源问题。如果能找到当地没有的货源你就可以减少同类货的竞争对手，价格的高低只要出手就由你定了。

(4)办服装厂就是做生意，要想方设法节约成本。开始你不要想着能赚钱。赚钱需要一定的时间和一个认同的过程。一开始真正要做的是你如何挖空心思提高服装厂(店)的知名度。促销、广告、公益活动都是可行的办法，但要注意的是一定不能违法，要有法律意识。

(5)办服装厂是件辛苦的事情，要有准备。既要找货源，又要管理，还要考虑每天的销售，经常没有节假日，没有休息天。

案例 5：人生中的第一个 50 万

杨丽佳，一个柔弱的女生，却在大学三年中赚到了人生中的第一个 50 万。

1. 了解市场，确定项目

由于家境一般，从上初中开始杨丽佳就勤工助学，自己赚钱给自己交学费。做过很多工作：发过报纸，做过推销，也在厂里流水线上干过……在这么多临时的工作中，她最喜欢的是销售工作，当时她就有一个梦想——总有一天自己要当老板。因此，在得知湖州职业技术学院有个大学生创业园后，她毫不犹豫地选择了该学校。顺利进入大学校园后，杨丽佳做的第一件事情跟很多同学不一样，没有沉浸在新环境的新鲜感中，而是到大学生创业园了解了相关政策，了解了大学生创业园当时的经营项目，并深入寝室和教室了解大学生的市场需求。经过斟酌和分析，她最终确定了化妆品项目。下面几点是支撑当时她选择化妆品项目的主要原因：

(1)创业园里没有经营化妆品的项目，有项目异质化优势，竞争相对较小。

(2) 化妆品是女生的必需品，据调查学校男女生比例基本持平，女生略多，如果定价合理，潜在市场巨大。

(3) 本人对化妆品比较感兴趣，在进入大学学习前，已取得某品牌化妆品的代理权，有正规的进货渠道，能够保证品质，解决了货源问题。

2. 筹集资金，组建团队

说干就干，正好大学生创业园进行全校招标，在认真准备了创业计划书后，杨丽佳从容地走进了答辩室，承诺自己将在大学生活期间赚到人生中第一个50万。她成功了，顺利通过了创业计划答辩环节，拿下了其中一个店面。由于化妆品项目需要将店面装修得比较精致，而进货也需要一笔资金，杨丽佳跟自己的父母借了一笔钱，并打了欠条，将自己的小店开张了。

为了让自己做得更专业，杨丽佳不仅做好了心理准备，也做好了技术准备：

(1) 了解相关产品知识：产品的性能、含量、效果、名称、价格；

(2) 了解美容知识：皮肤学、皮肤结构、分类、美容手法、按摩手法；

(3) 对公司方面的认可度：公司的经营理念、发展历史、荣誉成就、未来展望；

(4) 与其他公司产品的比较：品牌、性能、制度、效果、适应性。

(5) 售前、售中、售后服务：尽量优质化、人性化。

由于市场需求定位比较准确，准备得也比较充分，小店的生意每天都很好，单干的杨丽佳觉得这样不能将店做大，而且每天要管理店面、要进货，也耽误自己的学习。于是她在校园张贴了招聘广告，招聘相关营销（营销人员有特殊要求，要形象好、皮肤好、口才好）、财务人员，组建了一支创业团队。

3. 区域拓展，连锁经营

在学校创业园经营半年后，杨丽佳已经对校园化妆品销售的整个业务流程和赢利模式非常熟悉了（表 7-7）。

表 7-7 校园化妆品销售的整个业务流程和赢利模式

	业务工作流程	赢利模式
校园化妆品店	1. 进货 2. 货品的摆放 3. 发放一些促销信息 4. 导购 5. 网上销售 6. 费用结算	1. 增加顾客的数量 2. 增加顾客的消费频次 3. 增加顾客的消费金额

为了将自己的店做大，杨丽佳在开设实体店的同时还开设了一个网店。由于对电脑操作不是很熟悉，在开设之初学习了一些简单的图片处理技巧，不久网店的运营也走上了正轨。

但是杨丽佳没有满足网上和网下的经营模式。随着生意越做越好，她想到的是拓展自己的经营区域，不断开辟高校市场，实现自己三年50万的奋斗目标。于是她考察了湖州周边和杭州高教园区的市场，短短两年，分别在杭州西湖区、留下小和山高教园区、杭州法商专修学院、浙江理工大学、东华专修学校、衢州学院、湖州银泰、德清武康开设了8个化妆品专卖店，实现了连锁经营，并实现了毕业前赚取50万的创业目标。

经过几年的经营，杨丽佳认为，开化妆品店，看上去很容易，但真正经营起来，里面的门道也很多。以下是她开设一个化妆品专卖店的基本流程：

(1)确定经营模式。是经营一个品牌的化妆品还是多个品牌的化妆品？是经营护肤品还是要加入生活护理用品、彩妆、营养食物等？是连锁加盟形式还是自己进货形式？单一品牌的化妆品专卖店，一般采用的都是连锁加盟的形式，由品牌主授权你在当地销售他们的产品或者为顾客提供相应的服务。加盟店一般安全系数比较大，由品牌主直接给你供货，省去了中间环节，不用担心赝品、水货以及货源不足等问题。只是品牌主可能对加盟商要求比较高，投资要略微高一点。

(2)选址。有一个好的商铺，你的小专卖店至少成功了60%。选址可以参考以下条件：

第一，当地繁华贸易街区，时尚女孩常常光顾、消费的地区。

第二，人员密集的大中型社区、成熟的住宅小区(假如你的小店还提供皮肤护理服务，选择这种地方不错)。

第三，边上最好挨着化妆品、服装以及经营有关女性产品的商铺。

(3)店面装修。一般连锁加盟的店都会由公司给你装修设计，根据公司划定的风格来装修，资金需求可能会高一些。如果不是加盟店，装修要尽量做到简洁、明快，光线明亮，布局整齐，产品布置有条理，门面一定要漂亮。

(4)首次配货。如果是加盟品牌，那么一般会有3个月的退换货期，因此首次配货可以根据总部的要求。如果不是加盟店，则要考虑产品是否适合当地消费者的习性。

(5)产品布置。如果要是加盟店，就按照总部的指导来做。如果不是加盟店，产品的摆放有学问，一般价钱贵、利润高的产品要摆放与视线相平的地方，不能摆太多；过季的产品或者利润低的产品摆放在下层柜；促销的产品适合多摆一些。

(6) 招聘职员。职员要求三好：形象好、皮肤好、口才好。上岗前一定要让职员认识店里销售的产品，了解产品知识，掌握一些销售技巧。

(7) 开业。营造开业时的人气，做好充分的宣传广告效应。

案例 6：小家电，大事业

施挺，湖州职业技术学院 2003 届毕业生。现为宁波余姚市圣玛电器有限公司的总经理，毕业短短 6 年，便拥有了自己的公司、自己的品牌、自己的厂房。“不论做什么，都要充满自信。年轻不怕失败，有压力才有动力。”施挺说。

1. 在校创业埋下火种

施挺在校学习期间，一直表现优秀，积极参加学校的各类活动，在同学眼中，是个不安分和具有领导能力的学生。大二那年，学校为推行仿真+全真的教学模式，成立了一个校内学生创业公司。施挺是学校里第一批参加学生营销公司的学生。在那里，施挺有了一种全新的感觉，仿佛走进了一个全新的世界。每天下课后，施挺都跟公司里其他同学一起，忙得不亦乐乎。不是跟同学在宿舍或食堂等做市场调研，就是跟同学顶着酷暑、冒着雨雪去外地进货，要么就是一间宿舍一间宿舍地推销产品。虽然比别的同学多付出了很多，但是忙碌和辛苦中，施挺也收获了很多。“也许就是那短短一年多时间的创业锻炼，让我埋下了火种。毕业的时候，我想着总有一天，我要创立自己的一份天地。”

2. 职场初体验

毕业后，施挺就职于香港威名国际贸易有限公司宁波分公司。不是不想创业，而是他对创业有着更深的体会。在外创业是真刀真枪地干，与校内创业不一样，需要项目、积累和资金，所以毕业后，他没有选择直接创业。虽然在校内跟他一起拼搏的兄弟们有拉他一起干的意思，但他婉拒了，走进了香港威名国际贸易有限公司宁波分公司，成为了一名普通的职员，从业务干起。在跑业务的过程中，他同时也在了解市场，寻找项目，建立人脉。回过头来看自己跑业务的这段时间，施挺感受最深的是自己放下了心态，脚踏实地地做好每一份业务，同时也认识了很多人，并且就在这个过程中，看到了商机。

3. 开启创业之行

在一次业务洽谈中，他认识了一个韩国的客户。该客户是做小家电的，他认为小家电在中国有很大的市场，而那时施挺也在调研小家电的市场，也觉得小家电的发展前景非常不错。因此，凭着一股子在大学积累的热情，施挺在2004年3月注册成立了余姚市圣玛电器有限公司。公司刚成立的时候，施挺感觉最缺的是资金，因为，项目已经非常明确，但实体制造业和贸易不一样，需要不断的投入和不断的创新，所以他跟亲朋好友借了一百多万元用于产品开发和工厂的建设。施挺是个比较自信的人，而且他深信“有压力才有动力”。2004年4月份他就一个人带着产品去参加香港春季电子展，一方面去寻找客户，另一方面就是去外面看看别人有没有好的产品，学习借鉴一下别人产品的设计理念。回来后他就确定了所要开发产品的方向——清洁类家电产品和清洁类日用品。在6、7月份就完成了几套产品模具的开发，在8月份考察韩国市场时，他的产品得到了韩国知名家电制造企业的认可，和他共同出资50万元开发了几套吸尘器模具，韩国市场全年包销5万台，销售额为500万元。这样一来，公司的风险就降低了，资金也得到了缓解。

4. 创立自己的品牌

在施挺的公司里，虽然陈列室陈列的都是多功能吸尘器、迷你洗衣机、电动拖把等小家电，但在施挺眼里，却有一番大世界。由于成立之初就与韩国知名家电制造企业进行产品开发、制造和销售等多元化合作，因此施挺的公司发展似乎比较顺利，每年有2000多万元的营业额，建立了5000多平方米的厂房，拥有一批具有国际眼光和能力的管理和科研技术人员，韩国管理人员长期驻厂进行现场指导。但是施挺并不满足，他不满足于自己的公司一直给韩国的企业做贴牌生产，他想拥有自己的产品品牌。于是，在2006年，公司注册了“伊德莱克”作为自己产品的品牌。目前，自有品牌的小家电产品得到了市场的欢迎，品牌知名度在逐步提高，产品远销北美、西欧、东亚、东南亚、中东等地。

5. 要走的路还很远

施挺还很还轻，还未到而立之年，所以他说他要走的路还很长，虽然在创业过程中，遇到过很多困难，但他都一一克服了。“有压力才有动力，年轻不怕失败。”在接下来公司的发展中，他将一如既往地本着“专注+专业”的理念，专注于自己的小家电，成就自己的一番大事业！

第五篇

实训篇

第八章 模拟创业实训系统

一、实训目的

使用模拟创业实训系统的目的是通过对创业环境、流程的全面仿真，创建与现实的政策、市场、竞争类似的环境，让学生作为一名创业者置身在这样的模拟环境中进行创业操作。通过公司注册、战略规划、市场营销、产品研发及生产、财务管理、企业投融资管理、企业经营管理等方面，培养学生的创业意识、创新精神、创业能力和管理能力，激发大学生的创业热情，提升实践经验，为毕业后的创业打下坚实的基础。

二、实训要求与内容

1. 实训要求

(1) 做好实训前的准备工作，对相关专业知识进行复习。

(2) 按时参加实训，认真完成实训任务。

(3) 爱护实验室设备，听从教师安排。

2. 实训内容

本实训选定“浙科大学生创业模拟实训平台”作为学生实训的教学工具。该软件将理论和实践结合在一起，可以由教师讲授，组织学生讨论，再根据教学情况进行创业实践。“浙科大学生创业模拟实训平台”作为一个有效的实践工具，主要内容如下：

(1) 认真学习系统内的创业知识，做好创业测试、创业计划书，学习创业法律法规；

(2) 根据教师安排进行创业实战。选择行业，根据正确的流程进行企业注册；

(3) 结合公司自身状况认真编写创业计划书；

(4)进行市场调查，并完成 SWOT 报告；

(5)制定产品方案，做好产品研发、技术购买、生产和仓库管理；

(6)有效地进行市场营销；

(7)进行人员招聘和培训工作，做好薪资成本的合理配置；

(8)密切关注公司财务情况；

(9)结合公司财务状况与金融市场行情，进行风险与收益分析，参与企业投融资活动。

三、系统介绍

“浙科大学生创业模拟实训平台软件”融入了模拟实践的教学方法，突破了简单的理论讲授模式，除包含了如创业知识、创业训练等趣味性知识和练习外，还将创业实战作为软件的重点，让学生扮演创业者的角色，在逼真的模拟环境中根据行业、市场、自身资源进行创业演习。

创业实战是创业知识的综合运用，包含了从场地租赁、工商核准、银行开户、会计事务所验资、公安局备案……九大步骤完成企业注册流程。系统运用三维动画技术、标准的表单格式，使学生对企业注册流程、各步骤需要的单据及填写规则有深刻的了解。

在企业运营阶段，是展示学生综合素质的广阔空间，学生需要运用学到的所有知识，审时度势，深入分析，谨慎判断，对战略、产品、财务、投融资、人力资源等进行有机管理和操作，所有操作都将直接或间接地影响到企业的运营水平，从而体现出学生对企业的操控能力。

1. 系统构成

软件按用户权限分为管理员、教师和学生三大类。管理员负责整个系统的数据库管理，教师负责对自己班级的学生进行实验、考核的设置和管理，学生根据教师设置进行实验。

学生操作部分主要分大三部分：创业知识、创业训练、实战经营。它是理论教学和实践操作的有机结合。创业知识包括创业测评、创业课堂、创业讲谈、创业命题、创业计划书等，使学生了解学习丰富的创业理论；创业训练以丰富的实际企业案例为背景，学生根据案例信息完成练习题目；学生在实战经营中进行企业注册和运营实验。

2. 创业知识包含内容(图 8-1)

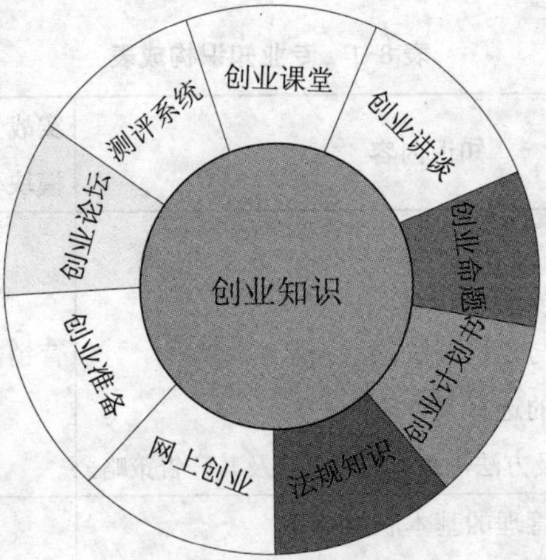

图 8-1 创业知识内容示意图

3. 创业实战结构(图 8-2)

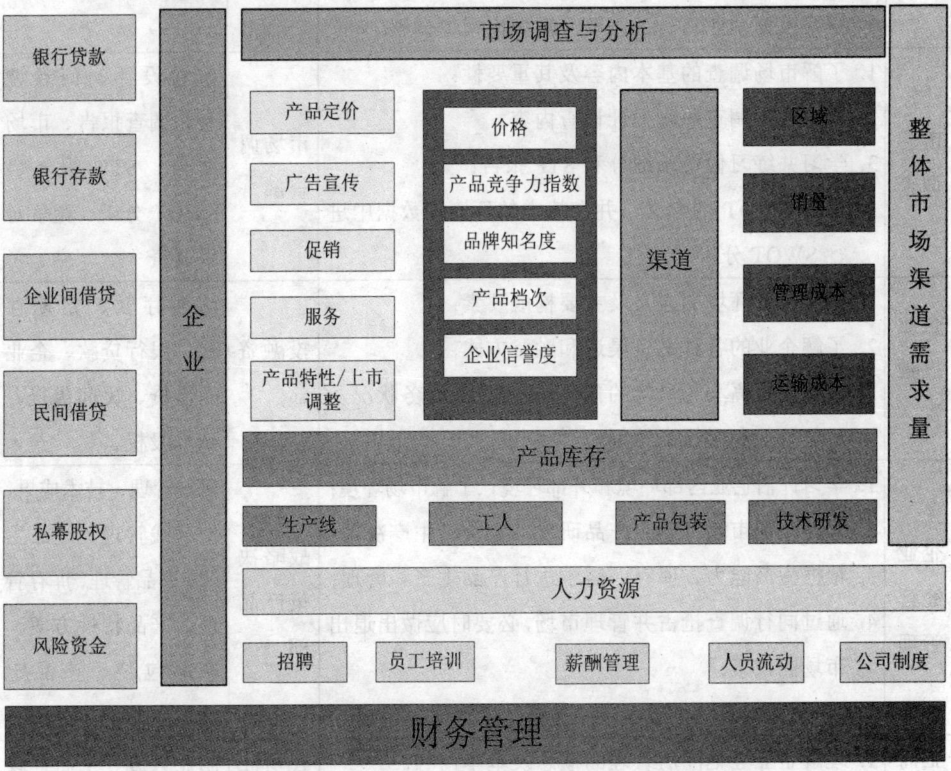

图 8-2 创业实战结构图

4. 专业知识构成(表 8-1)

表 8-1　专业知识构成表

专业知识	知识内容	实战模块	实战内容
市场营销	1. 理解市场、市场营销的概念； 2. 掌握营销要素与 4P 组合； 3. 掌握定价目标与定价方法； 4. 练习分销渠道的选择及管理； 5. 理解促销概念及方法，练习促销组合及其广告策略。	营销部	区域扩张、渠道管理、市场开拓、促销管理、广告设计、服务管理、自由交易市场
人力资源	1. 明确人力资源管理的基本职能； 2. 了解员工选择与企业综合实力之间的关系； 3. 了解员工培训与开发对个人和组织的意义； 4. 明确薪酬的含义与主要构成； 5. 学习根据企业与员工需要合理做出岗位调整。	人力资源部	员工招聘、员工培训、薪酬管理、岗位调整、公司制度、人员流动统计
市场调查	1. 了解市场调查的基本内容及其重要性； 2. 根据特定调查环境设计调查内容； 3. 学习并练习做市场细分和 STP 报告； 4. 了解 SWOT 的含义，并在特定的环境和数据中进行 SWOT 分析。	市场调查部	问卷设计、问卷调查、调查报告、市场细分、STP 报告、SWOT 分析、竞争对手调查
企业投融资	1. 理解投资环境的含义及主要构成要素； 2. 了解企业的各种融资渠道和融资方式； 3. 掌握投资赢利与风险的预测，根据企业财务状况及运营状况制定投资计划。	投融资部	活期存款、定期存款、银行贷款、企业间借贷、民间借贷、私募股权、
企业经营管理	1. 学习评估企业内部环境和外部环境，了解市场环境； 2. 练习预测市场并制定产品研发、定价、生产决策； 3. 根据生产能力、库存、需求进行产品生产和管理； 4. 通过同行调查抢占并管理市场，必要时应做出退出市场的决策；	战略决策产品部	研发管理、技术成果、生产线管理、产品生产、产品管理、库存管理、产品特性方案、产品包装、产品定价、产品上市调整
工商管理	1. 理解企业登记注册管理的概念及基本内容； 2. 掌握企业注册登记流程。	公司注册	创业大厦、工商行政管理局……

四、实战操作指导

1. 学生实验前准备

教师在实训课设置实验基础数据，布置实训任务：要求学生熟悉实训软件的设计思路，熟悉操作方法，复习创业知识。

学生在实验开始后，进行企业注册，扮演企业负责人对各部门人员进行招聘，再根据市场、竞争情况制定战略决策，并在各个部门中进行具体实施。这些部门包括：总经理、研发部、产品部、人力资源部、财务部、投融资部、生产部、市场调查部、营销部。

2. 企业注册

(1) 教师讲解：《中华人民共和国公司法》内容及企业法人登记管理案例。

(2) 学生复习内容：企业法人登记范围、登记机关；企业法人注册登记事项与注册程序(图 8-3)。

图 8-3 企业注册进程

(3) 实验内容：根据流程完成企业注册登记。

(4) 实验程序和内容：

设立公司应依法向登记机关申请设立登记，取得公司营业执照。在实训中，公司登记前应向“浙科大学”领取毕业证书，再按流程进行公司登记(图 8-4)。

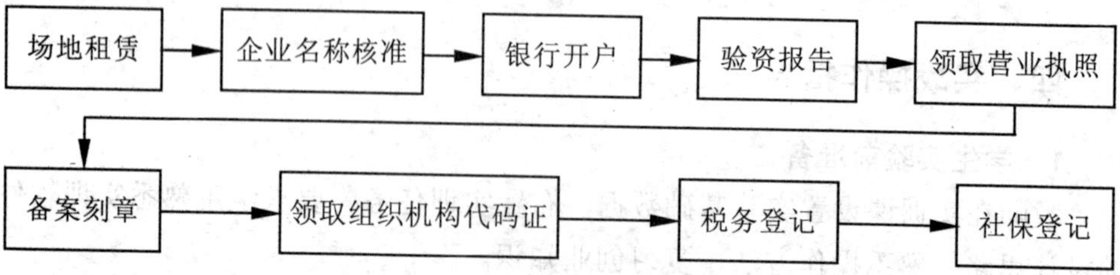

图 8-4 企业注册流程图

要开公司，首先要有固定的生产经营场所和必要的设施，有固定的人员和必要的资金。在实战中，可以在浙科大厦选择未被租用的房间，租赁场地来进行营业。场地租赁成功后，在浙科大厦中填写公司章程。

“企业章程”的条款和内容在《公司法》第二十五条中做了明确的规定，包括：公司名称、住所、股东姓名或名称、股东出资方式、出资额和出资时间、公司的机构及其产生办法、职权、议事规则、公司法定代表人、股东会会议认为需要规定的其他事项，股东应当在公司章程上签名、盖章。

填写完公司的章程后，到工商局申请登记注册。首先应领取并填写“企业名称预先核准书”。为要注册的公司取好名字后去工商部门进行企业名称核准。公司的注册名称不能重复，所以在申请时应想好备选公司名称。完整的企业名称应当由四部分组成：行政区划+字号+行业+组织形式，如：浙江×××软件有限责任公司。

企业登记还应备齐并提交相关的法律文件：公司章程、发起人协议书、法定代表登记书、公司股东名录、董事经理情况。

注册登记还应确定所成立企业的法律形式，如：个人独资、合伙企业、有限责任公司、股份责任公司。

接下来是到银行开验资账户，在实战平台中选择“中国工商银行浙科市支行”进行操作。在银行申请企业法人开业登记注册，应提交工商局核发的“企业名称预先核准书”及企业法人身份证。开户并存款后向银行索取缴款单、对账单、“银行询证函”，并让银行盖章。

股东出资可以是货币，也可以用实物、工业产权、非专利技术、土地使用权作价出资。应向有验资资格的会计师事务所申请验资并出具验资报告。所以，在“中国工商银行浙科市支行”开户注资后，应到创业所在市会计事务所领取验资报告。之后公司备齐文件再到工商行政管理局申请营业执照，材料齐全、符合法定形式的，受理机关会当场作出登记决定，并在10个工作日内核发营业执照(图 8-5)。

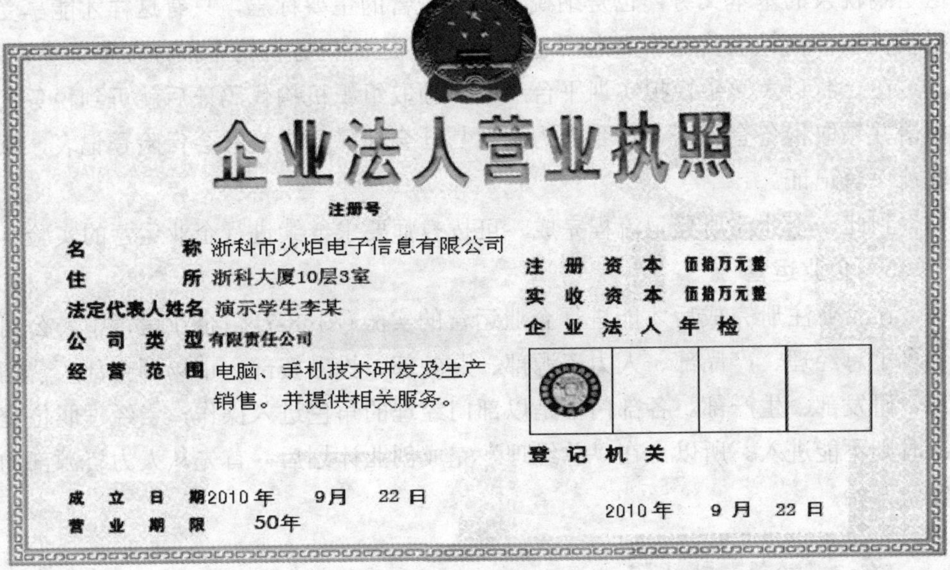

企业法人营业执照

注册号

名　　称 浙科市火炬电子信息有限公司
住　　所 浙科大厦10层3室
法定代表人姓名 演示学生李某
公 司 类 型 有限责任公司
经 营 范 围 电脑、手机技术研发及生产销售。并提供相关服务。

注 册 资 本 伍拾万元整
实 收 资 本 伍拾万元整
企 业 法 人 年 检

登 记 机 关

成 立 日 期 2010年 9月 22日
营 业 期 限 50年

2010年 9月 22日

图 8-5　企业营业执照

领取了营业执照后，凭工商营业执照向公安局申请刻制公章、财务章、合同章等。并提取印模到公司登记的机关备案。

前往质量技术监督局办理组织机构代码证(图 8-6)，办理时应提交：申办表、工商营业执照复印件、企业法人身份证复印件。

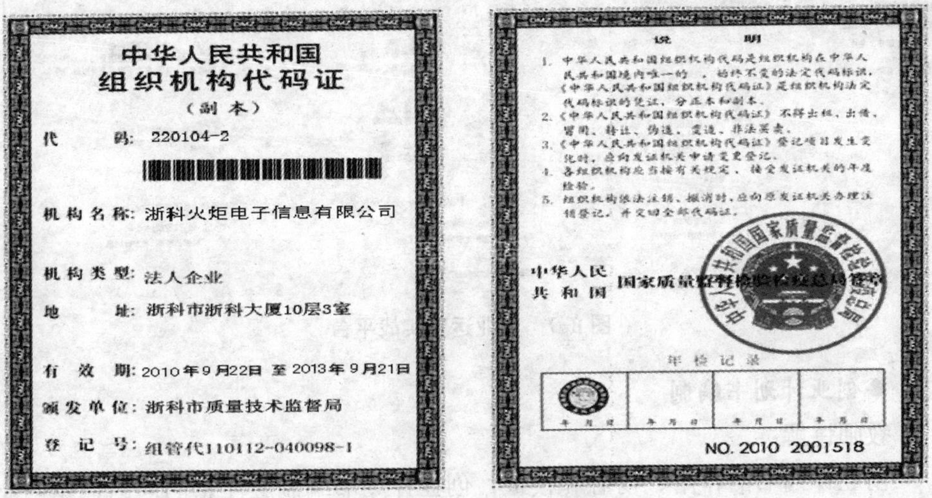

中华人民共和国
组织机构代码证
（副本）

代　　码：220104-2

机 构 名 称：浙科火炬电子信息有限公司

机 构 类 型：法人企业

地　　址：浙科市浙科大厦10层3室

有 效 期：2010年9月22日 至 2013年9月21日

颁 发 单 位：浙科市质量技术监督局

登 记 号：组管代110112-040098-1

说　明

1. 中华人民共和国组织机构代码是组织机构在中华人民共和国境内唯一的 ，始终不变的法定代码标识。《中华人民共和国组织机构代码证》是组织机构法定代码标识的凭证，分正本和副本。
2.《中华人民共和国组织机构代码证》不得出租、出借、冒用、转让、伪造、变造、非法买卖。
3.《中华人民共和国组织机构代码证》登记项目发生变化时，应向发证机关申请变更登记。
4. 各组织机构应当按有关规定，接受发证机关的年度检验。
5. 组织机构依法注销、撤消时，应向原发证机关办理注销登记，并交回全部代码证。

中华人民共和国 国家质量监督检验检疫总局监制

年检记录

NO. 2010 2001518

图 8-6　企业营业执照

税务登记就是要向主管税务机关申请办理税务登记手续，接受登记管理。这是纳税人的基本义务，也是纳税人合法经营的主要标志，只有这样才能享受税收优惠。在领取营业执照之日起 30 日内，应向税务机构申报办理税务登记。

在“浙科大学生模拟实训平台”中，领取组织机构代码证后就可到税务局申请并领取税务登记证，再到人力资源与社会保障局提交社会保险登记表，领取社保登记证。

到此，企业注册登记流程完成，可按教师要求继续进行企业运营的实验。

3. **企业运营**

在企业注册完成后才能进行企业运营的实验(图 8-7)。企业运营中，公司包含了总经理、产品部、人力资源部、财务部、投融资部、市场调查部、营销部、研发部、生产部。各部门都是以部门经理的角色进入操作，当经理职位空缺时则不能进入。所以，在“总经理”完成创业计划后，首先从人力资源部的实验开始。

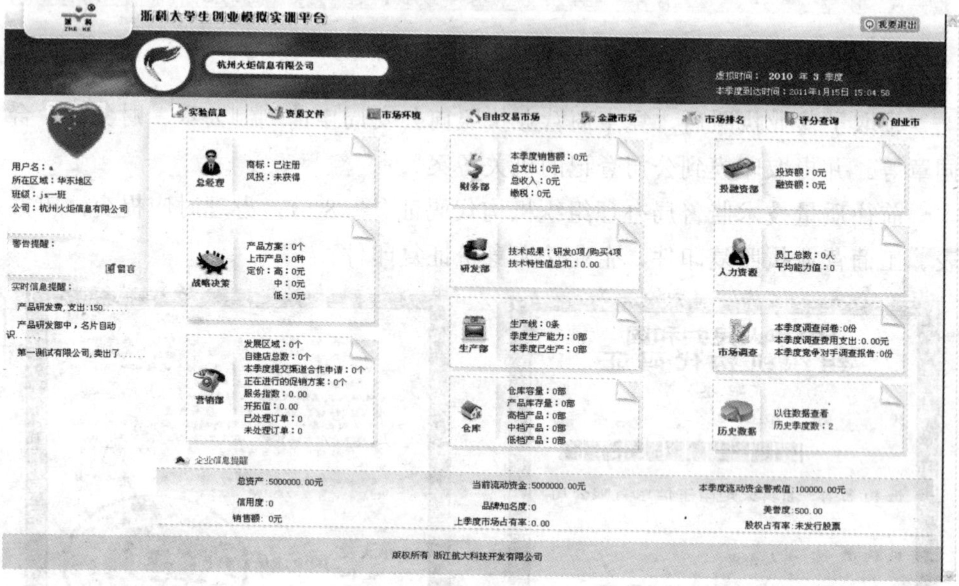

图 8-7 企业运营实战平台

◆创业计划书编制

教师讲解：

创业计划书的作用、内容和模板，创业计划书编制应注意的问题，及创业计划书案例。

学生复习内容：

新企业经营模式的设计、创业计划书的内容及编制。

实验内容：

根据企业状况、市场环境、金融环境等编制创业计划书；有兴趣的同学可设计自己公司的 LOGO。

实验程序和内容：

创业计划书是创业者能力和构思的体现，对于初创企业来说显得更为重要。编制好创业计划书是创业者实施创业计划的第一步（图 8-8）。

创业初期，创业者应对市场环境、竞争对手了解得详细准确，并通过创业计划书来获得风险投资家、政府、银行的资助或贷款。

在实战平台中，企业应以公司状况、市场环境、自由交易市场、金融市场、市场排名等信息作为基础，构思自己企业的创业计划书。进入“总经理”模块，编写“创业计划书”。

创业计划书的内容一般包括：计划书摘要、企业介绍、产品（或服务）介绍、市场分析、营销分析、财务管理、风险分析、管理团队及其他。

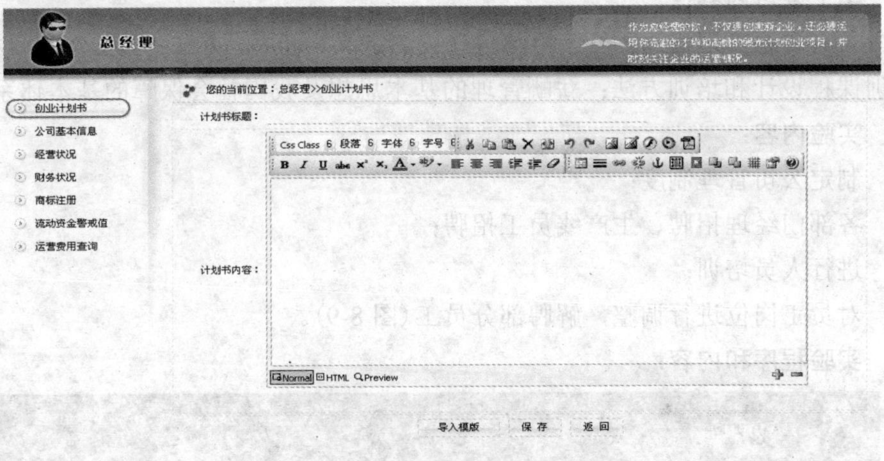

图 8-8 编制创业计划书

编制创业计划书还应根据目的不同而注意重点。创业计划书的价值主要体现在两个方面：一是对未来的创业活动作出计划和预期，二是用来吸引投资者。这可能是创业计划书最为实际的功用。

在实训中，添加创业计划书后提交给风投公司审核。审核通过的计划书可与“天使风投公司”签署协议并注资确认。

商业计划书的质量将决定企业能否获得资金，有的甚至直接关系到企业的生存。实训时若计划书审核未通过，务必进行分析总结，找到失败原因，重新添加并编写创业计划书及提交审核。

导致创业计划书失败的原因可能包括：

(1)真正的目标未表现出来；

(2)对于创业计划内容过于自信，盲目乐观；

(3)具体的计划项目未明确；

(4)计划书措辞、语言及装订等错误较多。

LOGO 的字面含义就是“标识语”，起到对公司的识别和推广的作用。一个成功的 LOGO 应具备创意独特，设计精美、简练、概括等特点。有兴趣的同学可利用图形设计工具如 CorelDraw、Photoshop 等设计自己公司的商标 LOGO，在“商标注册”栏目中上传图片。

◆人力资源管理

教师讲解：

《劳动法》及人力资源管理对企业发展的意义。

学生复习内容：

人力资源管理概述；员工招聘与选拔的定义、程序、方法；员工培训目标、培训课程设计和培训方法；薪酬管理的基本思想及我国社会保障的基本体系。

实验内容：

制定公司管理制度；

各部门经理招聘、生产线员工招聘；

进行人员培训；

对员工岗位进行调整，解聘部分员工(图 8-9)。

实验程序和内容：

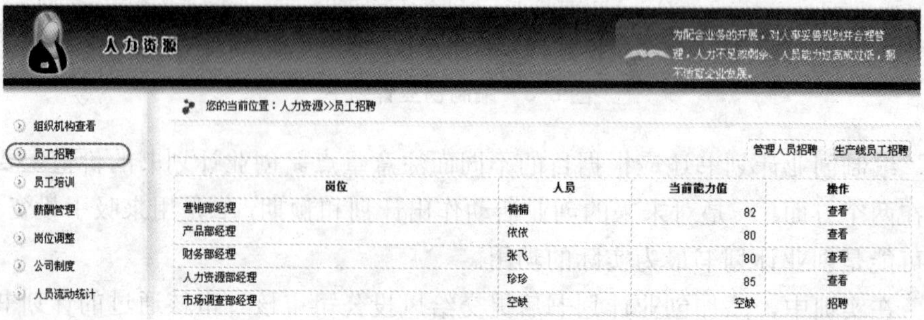

图 8-9 人力资源管理平台

为配合其他部门业务的发展，应对人事制度进行妥善的制定和规划，以免人力不足、剩余或分配不当而影响企业的发展。

在“人力资源部”中选择“公司制度”，制定本公司制度并保存。公司制度可包含人力资源制度、员工管理制度、考勤制度、奖惩制度等等，以及执行制度需要的表格样式。公司的管理制度应根据实际情况制定。

任何行业、企业，都需要合理的内部结构组织来开展业务，相互配合使企业赢利。

企业初创时，员工人数少，业务单一，一般不存在着组织结构问题。我们在实训中按分工的原理，以企业和业务的需要划分为六大部门，分别为总经理、营销部、产品部、财务部、人力资源部、市场调查部。当部门经理空缺时，在“员工招聘”的“管理人员招聘”中进行招聘，在“生产线员工招聘”中招聘生产线员工。

员工招聘对整个企业具有非常重要的意义，它决定了企业能否吸纳优秀人才，对企业今后的业务和生产具有重要的意义，对于新创立的企业更是如此，它将决定企业今后的成长和发展。

为了保证招聘工作的科学规范，招聘活动一般按下面的步骤进行(图 8-10)：

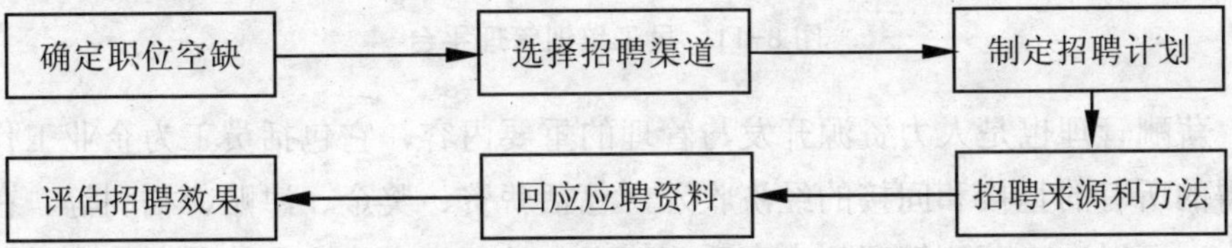

图 8-10　员工招聘步骤

当公司中人员出现空缺时，将不能进行某些业务或生产。实训中员工招聘分管理人员招聘和生产线员工招聘，招聘渠道固定为从系统提供的人才库中选择。

招聘计划一般包括招聘人数、岗位、时间、薪资预算等。招聘来源一般指学校、其他公司、失业者、军人、内部招聘等。我们在实训中，将每个应聘者的岗位、薪资等预先设定，在进行招聘时应根据企业的岗位、财务等情况合理选择人才。查阅应聘资料时还应考虑员工的能力值，系统中每个员工都具有能力值。生产线员工的能力值将影响到生产过程是否有损失。

员工培训的目的是发展员工的职业能力，使其能够更好地完成本职工作。员工培训的内容必须与企业的战略目标、员工的职位特点相适应，一般分基本技能与高级技能两个层次。培训能提高员工的工作能力，为其取得好的工作绩效提供了可能，也为员工提供更多晋升和较高收入的机会。

在实训中，员工培训分为“管理层”和“生产线员工”两个层次。在制定培训方案时应根据培训对象的不同，选择不同的课程，具体有培训时间、培训内容、培训费用等(图 8-11)。实施培训活动前也应进行培训费用的预算，权衡培训将带来的效益(即员工能力的提成空间)。

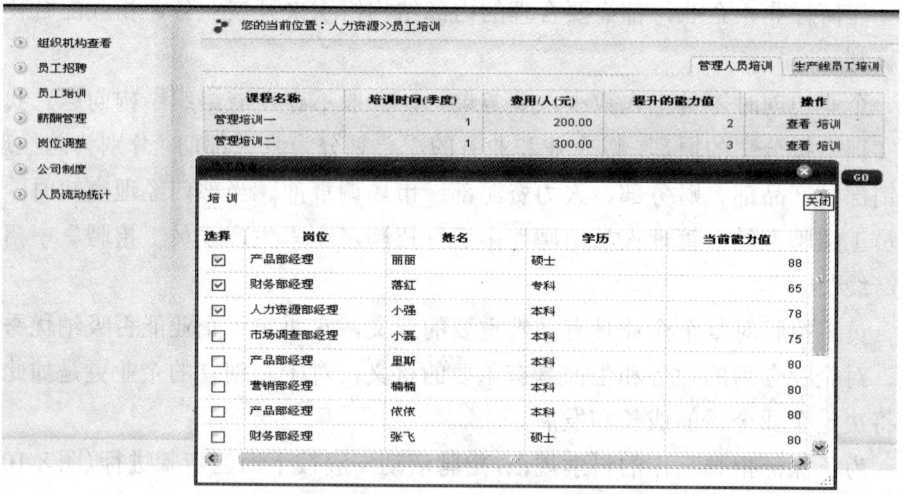

图 8-11　员工培训管理平台

薪酬管理也是人力资源开发与管理的重要内容，它包括员工为企业工作所获得的所有的直接和间接的经济收入，包括薪资、奖金、津贴、福利等。在实战中，可以在“薪酬管理”中查看到管理人员和生产线人员的薪酬信息。

有效的人力资源管理是企业的利润之源。为适应业务的高效运营，应适时调整员工的配置。在实训中应综合员工薪酬、员工能力、解聘补偿费用等元素，进行合理的岗位调整。在“岗位调整”中解聘不符合企业要求的人员，再进行新员工的招聘。当然解聘员工将按系统设置付出一定的解聘补偿费。

◆市场调查

教师讲解：

市场调查认知及市场调查的方法和程序，并以典型的管理活动为例，讲解市场调查的普遍性和重要性。

学生复习内容：

市场调查的方法和程序；问卷设计的原则与方法；市场调查报告的基本组成；市场调查分析方法。

实验内容：

根据公司需要，设计问卷调查；

根据市场调查内容及调查结果，编写市场调查报告；

根据市场需求、公司产品等信息进行市场细分，编写 STP 报告；

通过竞争对手调查，编写竞争对手报告；

进行 SWOT 分析，编写 SWOT 报告；

实验程序和内容：

市场调查是运用专业的程序、方法和手段，系统地搜集、整理和分析市场资料，为企业决策提供依据的信息管理活动。市场调查要确定所需的信息，设计搜集信息的方法，监测和执行数据搜集的过程，分析结果并报告调查中的发现。

问卷调查法是市场调查中广泛采用的一种手段，它根据统一设计的问卷向被调查者了解有关市场的行为、意见。

问卷设计在一般情况下包括：前言、调查项目、结束语。调查项目是问卷的核心内容，将所要了解的内容具体化为一些问题和答案，让被调查者回答。设计调查项目时应注意必要性、准确性、简洁性等。

在市场调查部中选择“问卷设计”，设计问卷调查表，其中性别、年龄、职业、收入等便是以上所说的调查项目。问卷设计完成后，在左侧点击“问卷调查”进行市场调查。系统根据教师设定的调查数据，提供调查结果。在“问卷调查”——“调查列表”中“查看”调查结果(图 8-12)。

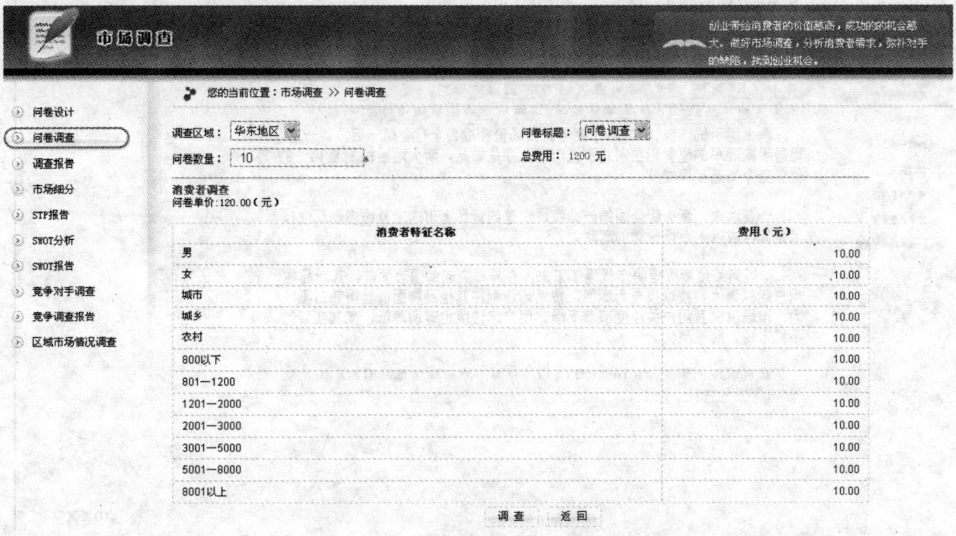

图 8-12 问卷调查管理平台

根据问卷调查结果，在“调查报告”中添加并填写市场调查报告。市场调查报告没有固定的格式，但一般以标题、导言、主体和结尾为结构，主要内容一般包括：调查目的、对象、方式、时间、结果、分析体会。

市场细分：企业根据消费者之间需求的差异性，把一个整体市场划分为若干个消费者群体，从而确定目标市场。通过市场细分，有利于发现目标消费者群体的需求特性，从而调整产品结构，增加产品特色，提高企业的市场竞争能力。但市场细分应避免越细越好、渠道全覆盖、盲目细分等误区，我们在实训中应以系统提供的虚拟环境为背景进行市场细分，而不能凭空编造。

在营销理论中，市场细分(Segmentation)、目标市场(Targeting)、定位(Positioning)都是构成公司营销战略的要素，被称为营销战略的 STP。我们在实训演练中，可以在市场调查部中按 S-T-P 的顺序填写 STP 战略报告。

之后，我们应该对竞争对手进行了解。系统中的竞争对手调查是指实训中的其他企业，通过竞争对手的调查分析其优势和劣势，主要是对手的信用、员工、区域、市场份额等信息。当然竞争对手调查首先要识别竞争者，而不要盲目地进行调查，在实训中调查竞争对手信息是要付出一定经费的，调查时系统将自动扣除。通过调查可了解到竞争对手的情况，从而制定自己的营销策略，编制竞争调查报告(图 8-13)。

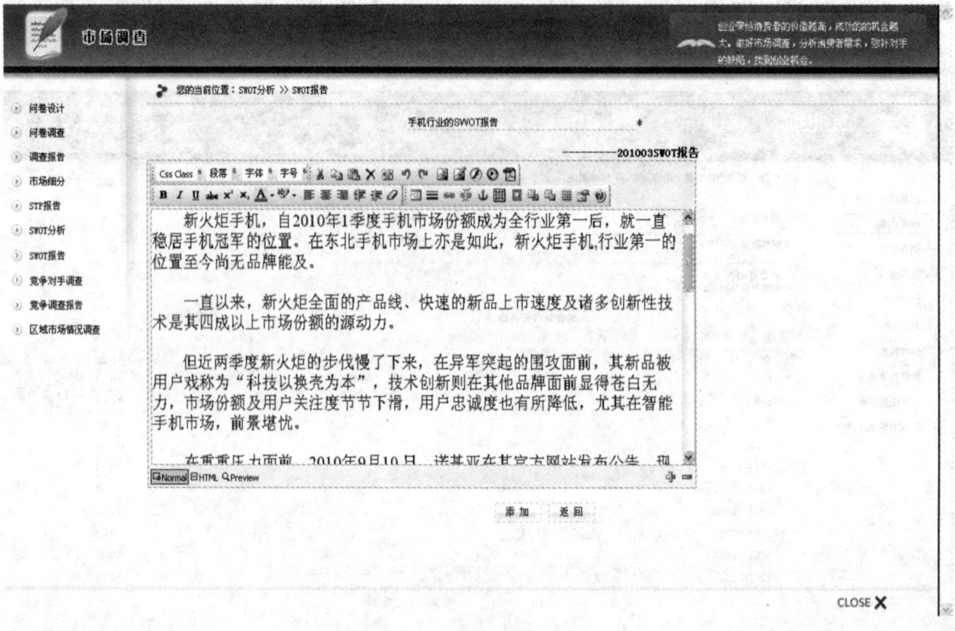

图 8-13 SWOT 分析报告平台

SWOT是一种分析方法，指企业竞争本身的优势、劣势、机会、威胁，SWOT分析法有助于帮助企业了解自身的资源优势和缺陷，分析所面临的机会和挑战，从而对企业的营销及发展战略做出决策。SWOT分析步骤(图8-14)是：

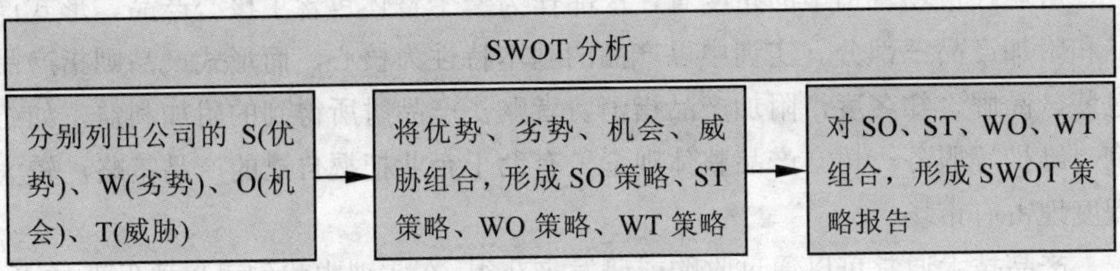

图8-14 SWOT分析步骤

我们在实训时也应按以上步骤进行SWOT分析，具体操作在“SWOT分析”和“SWOT报告”中进行。在罗列S、W、O、T时，可分别从公司的技术、生产、资金、人力资源、渠道、市场份额、竞争对手等方面着手。

◆产品决策管理

教师讲解：

产品整体概念，产品组合策略，市场预测与管理决策，产品寿命周期及定价的主要因素及方法。

学生复习内容：

产品的含义、构成要素及分类；定价的主要因素，掌握定价的基本方法，理解各种常用的定价策略；商品的生产与库存策略。

实验内容：

进行产品技术的研发和技术买卖；

根据生产需要合理管理企业生产线；

设计产品的特色方案；

为产品方案选择包装；

对产品进行合理定价；

根据企业自身及市场状况及时作出产品上市和退市处理；

进行产品生产与库存的合理管理。

实验程序和内容：

产品是指向市场提供的能满足消费者需求的物质或非物质形态的服务。我们在实训中进行创业产品规划前，我们应思考：

(1)目标消费者对本产品开发的期待是什么？

(2)该产品能赢得消费者满意的核心点是什么？

(3)产品开发的风险和市场竞争焦点是什么？

(4)该产品的经营模式是什么？

从现代市场营销学的角度看，产品作为一个整体包含了核心产品、形式产品和附加产品三部分。实训中以产品的基本特性为核心，而形式产品则指产品包装、品牌、知名度，附加产品指消费者购买产品时所得到的附加利益，如咨询、维护等服务。树立产品整体观念，有助于企业把握自己的产品策略，较大程度地占有市场。

产品技术通常可以通过收购或研发来获得，在实训中我们可以研发新技术，也可以在“自由交易市场”中进行技术买卖。在现实创业中，具有专业知识的大学生，更适合走自主开发产品的创业道路，便于发现产品的规律，降低成本。

产品包装策略：良好的商品包装往往能赢得消费者的第一印象，企业也越来越注重产品的包装策略。较常用的包装策略有：类似包装、差异包装、配套包装、双重用途包装和等级包装。

实训操作时采用的是等级包装策略，在“战略决策”模块中添加产品特性(图8-15)，在上市前进行包装。选择包装应以美观、实用和经济性为原则。包装影响产品成本与竞争力，合理选择包装能使企业利润最大化。

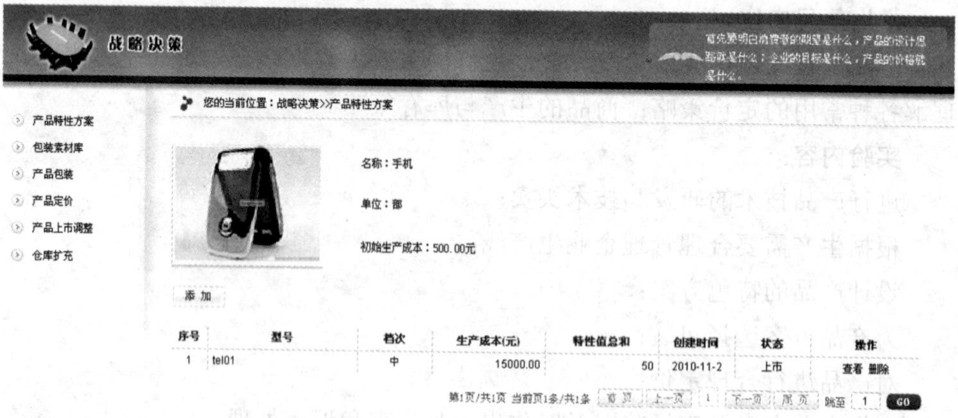

图 8-15　铲平特性方案平台

服务策略能在一定程度上提升企业形象，即美誉度。服务项目的实施也是依赖于服务费用的投入。在实验中，企业应权衡资金的支出与收益，合理地进行服务项目的投放。服务策略在“营销部”中操作。

服务项目的投入应以满足消费者需要、促进交易为目的。服务是服务者提供的能力，也是具有价值的，服务定价应根据消费者的满意度来衡量。良好的服务可以使消费者对企业、产品形成初步印象，增加信任感，有利于产品宣传并传播企业服务理念(图 8-16)。

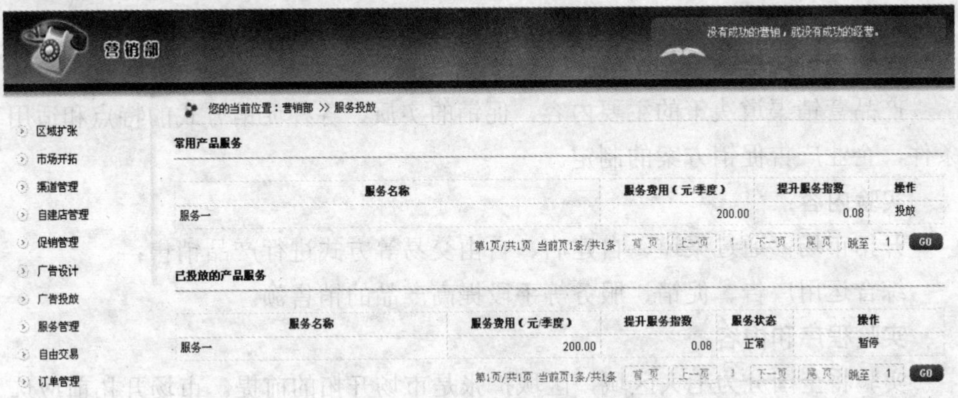

图 8-16　服务投放平台

产品定价策略：消费者往往以价格来判断商品的质量和服务水平。在实训中，产品的价格是企业的主要收入，其他策略都表现为成本。因此，价格策略是企业营销组合的重要元素，它直接决定企业的市场份额与收益。

在系统中，我们在创建产品特性时已为产品制定了初始定价，每个季度都可对价格进行适当的调整。在进行产品定价时，应考虑的主要因素有：企业目标(包括当前利润、长期利润、市场占有率等)和成本(成本是价格的基础，包括了劳动力成本、技术研究、产品包装、宣传、材料等)。

我们做好了产品决策，开始生产产品。生产前还应对生产线进行研发，并按计划做人员招聘、仓库准备(图 8-17)。

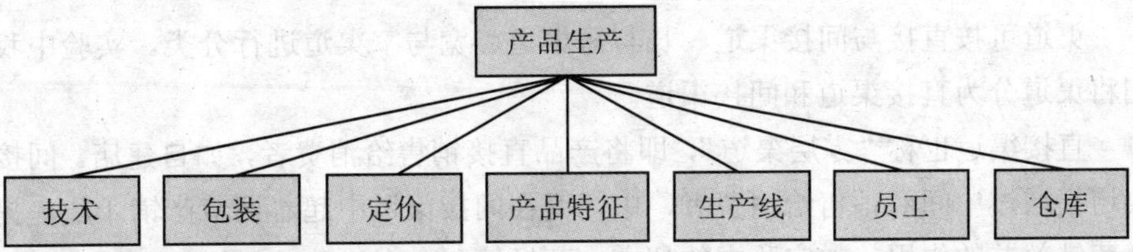

图 8-17　产品生产决策

每季度每个档次可以进行一次产品退市和上市的调整，每个档次同时只可上市一个产品，要上市新产品必须先将原来产品退市。上市与退市操作应视产品的利润、成本而定。

◆市场营销

教师讲解：

市场与市场营销概述，市场竞争战略，市场发展战略，企业战略及营销管理过程，创业营销案例。

学生复习内容：

产品营销渠道决策的主要内容，促销的实质、各种促销方式的特点和适用条件，企业广告促销方案的制定。

实验内容：

开拓市场，通过渠道、自建店、自由交易等方式进行产品销售；

综合运用广告、促销、服务等手段提高产品的销售额。

实验程序和内容：

实验将全国分为七大区域，区域扩张是市场开拓的前提。市场开拓前应选择要拓展的区域。区域扩展后可进行渠道的开发。

实验中渠道与其他业务的关系如图 8-18 所示。

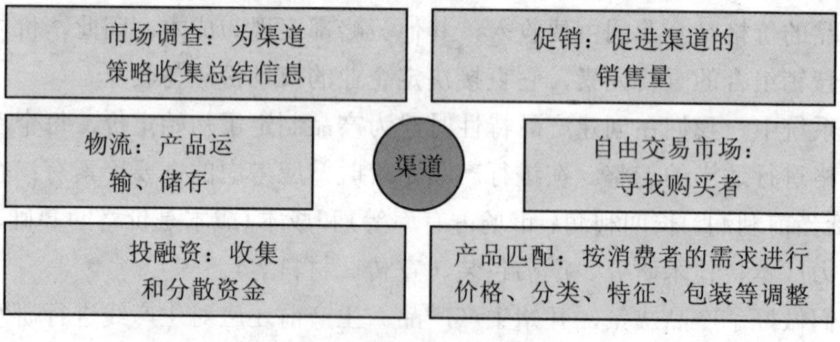

图 8-18　渠道与其他业务的关系

渠道可按直接与间接渠道、长与短渠道、宽与窄渠道进行分类。实验中我们将渠道分为直接渠道和间接渠道。

直接渠道也称“零层渠道”，即将产品直接销售给消费者，如自建店。间接渠道指通过中间商销售给消费者，中间商在间接渠道中起着调节产销矛盾，提高营销效益的作用，如实验中的超市、商场等。

企业在某一区域挑选合适的中间商销售其产品时应注重渠道策略。影响分销渠道选择的因素有：产品、市场、竞争、企业自身、消费者和环境。

我们在实训中选择渠道合作时，也应考虑区域、销量、费用、价格、品牌等。合作成功后，季度结束时系统根据报价来发送订单，企业在下个季度可以根据订单进行配送；同时也可通过自由交易买卖产品，将产品与实验中的其他企业进行交易。订单产生后应及时发货，以免影响企业的信誉指数并进行违约赔偿(图 8-19)。

图 8-19 产品交易平台

成功的市场营销活动，不仅需要制定适当的价格、选择合适的分销渠道、向消费者提供满意的产品和服务，还需要采取适当的促销方式。促销可以引发和刺激消费者的消费欲望，创造额外的销售量。在实验中企业进行促销活动，可增加渠道的购买率，但也将耗费一定的促销成本。

广告是通过传播信息进行产品推销的一种方式，它推动人们去购买商品或接受某种观点。从性质上看，广告也是一种风险投资，广告的制作、发布都要支付一定的费用，如购买版面、电视台播出费用、广告公司或模特的费用等，而广告效果又有很大的不确定性。

在进行广告设计时应以促销、独创、理解、真实为原则，突出产品的核心特征(图 8-20)。此外，要选择合适的广告媒体。一般来说，选择广告媒体应考虑以下几个方面：

(1)不同媒体的特点：不同广告媒体都有其优缺点，主要表现在传播范围、费用、时效性。

(2)消费者习惯：不同消费者经常接触的媒体也不同，必须注重目标消费者的媒介习惯。

(3)产品特性：不同产品要展示的内容往往不同，选择的媒体也相应不同。

(4)媒体成本：媒体选择应考虑费用与效果的关系，在相同效果情况下尽可能选择费用低的媒体，以提高收益率。

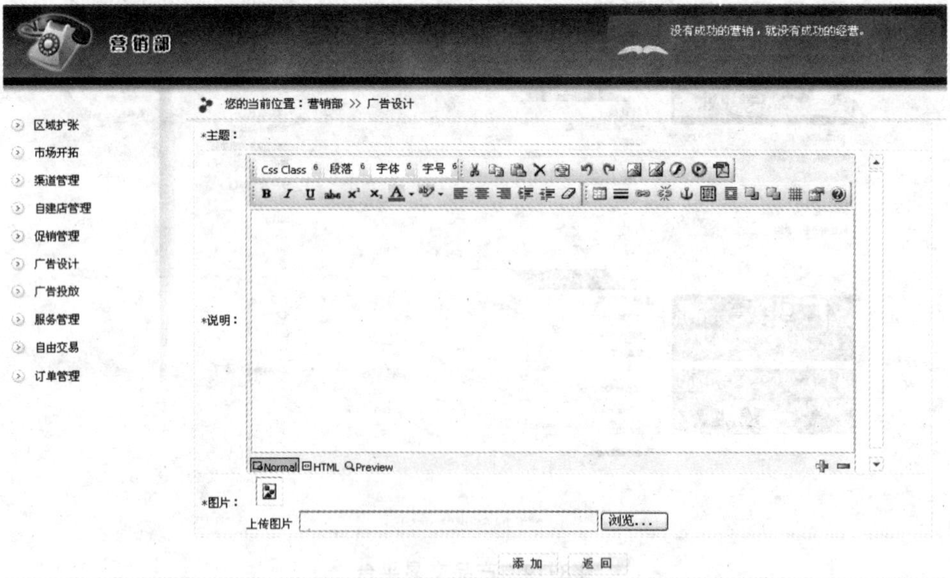

图 8-20 广告设计平台

在实验时，企业应按以上原则进行产品广告设计，再选择合适的媒体进行推广，从而提高品牌的知名度。

◆创业财务管理与融资决策

教师讲解：

创业财务预算、融资艰难及原因分析，介绍获得创业资金的途径，企业投融资的几个原则，企业投融资渠道和案例。

学生复习内容：

银行存、贷收益计算方法；

企业间借贷及民间借贷的注意事项；

创业融资选择方法。

实验内容：

根据企业财务及运营现状制定投融资战略，合理进行企业投融资操作。

实验程序和内容：

资金作为企业的血脉，大学生想凭借自己的技术或创意创业，应解决好融资问题。创业融资渠道可从直接融资和间接融资两种形式去理解(表8-2，图8-21)。

表 8-2 创业融资渠道比较分析表

资金来源		来源概述
直接融资	创业贷款	具有一定经营能力或从事生产经营活动的个人，因创业或再创业提出资金需求申请，经银行认可有效担保后发放的一种专项贷款。
	抵押贷款	将拥有的财产做抵押，作为向银行申请贷款的担保。
	担保贷款	向银行提供符合条件的第三方作为保证人，借款人不能履行还款时，银行有权按约定要求保证人履行或承担清偿贷款连带责任。创业中常用到的担保贷款形式有：自然人担保、担保公司担保、托管担保。
	买方贷款	若企业产品销售很好，当资金不足时，可拿销售合同向银行申请对产品购买方提供贷款。或由买方签发银行承兑汇票，卖方向银行申请贴现。
间接融资	股权融资	通过出让企业股权获取融资。
	债权融资	通过举债筹措资金，资金供给者作为债权人享有到期收回本息的融资方式。如民间借贷是我们最常见的一种。
	企业内部集资	企业在本单位内部职工中以债券、内部股等形式筹集资金。
	融资租赁	由出租方融通资金，为承租方提供所需物资，具有融资和融物双重功效的租赁交易。
	风险投资	对于创业者来说，尤其是高科技领域的创业者，寻求风险投资的帮助，是一种新的融资途径。如天使投资是专门为具有专业技术或独特概念而缺少资金的创业者所准备的。

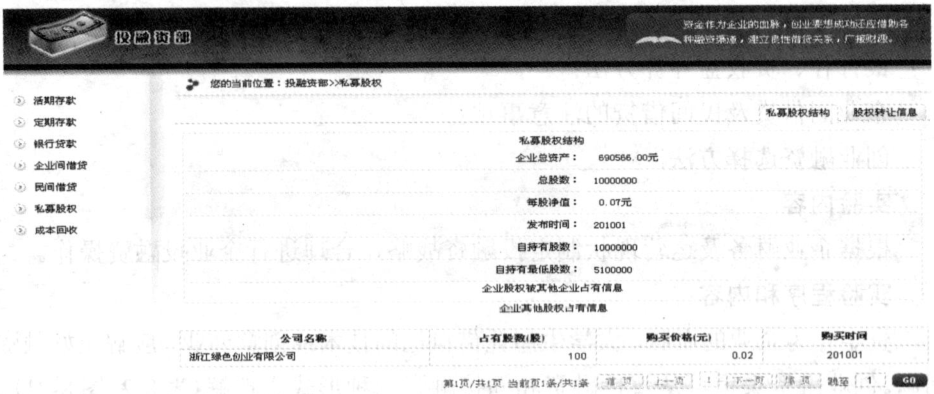

图 8-21　投融资部操作平台

在“浙科大学生创业模拟实训”中，我们将涉及银行贷款、私募股权、民间借贷、企业间借贷等融资方式。操作中还应结合“金融市场”的相关信息，仔细核算，确定最适合本企业的融资方式。资金的收入和支出可通过活期账户查看(图 8-22)。

图 8-22　金融市场平台

财务预算是企业生产、融资及其他决策的前提，我们在做所有决策前几乎都要进行财务预算。创业就是一个资金投入和产出的过程，是一个预算过程，创业的业绩也要通过企业的财务成果来证明(图 8-23)。

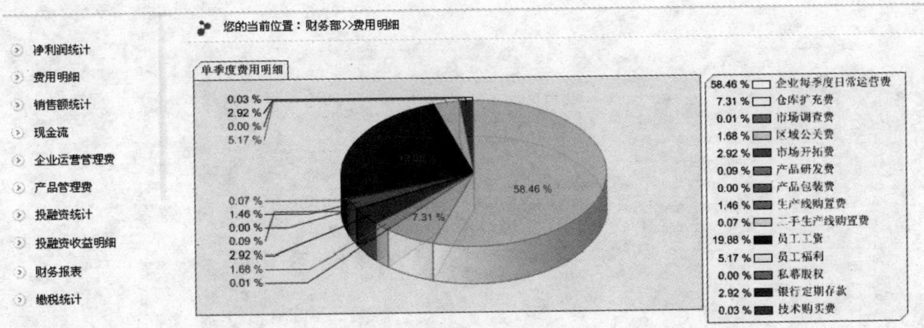

序号	支出类型名称	支出金额(元)	支出季度
1	企业每季度日常运营费	400000.00	201001
2	仓库扩充费	50000.00	201001
3	市场调查费	80.00	201001
4	区域公关费	11500.00	201001
5	市场开拓费	20000.00	201001
6	产品研发费	610.00	201001
7	产品包装费	10.00	201001
8	生产线购置费	10000.00	201001
9	二手生产线购置费	500.00	201001
10	员工工资	136000.00	201001

第1页/共2页 当前页10条/共14条 首页 上一页 1 2 下一页 尾页 跳至 1 GO

图 8-23　财务平台

在实训中，我们可以通过“财务部”的“净利润统计”、费用明细、销售额统计、现金流、企业运营管理费、产品管理费、投融资统计、投融资收益明细、财务报表、缴税统计来衡量企业的财务状况，为经营决策提供依据。

[illegible]

图8-22 财务平台

[illegible]

后 记

湖州职业技术学院从2001年开始探索大学生创业教育，是浙江省内最早开展创业教育的高校之一。2006年，教育部全国高等学校学生信息咨询与就业中心指导处曹殊处长在对全国高校创业教育调研时，将我校的创业教育模式总结为浙江省的三种“创业教育”模式之一。《光明日报》、《人民日报》、《文汇报》、《中国教育报》等国内多家知名媒体曾对我校的创业教育做过报道。

我校在2002年开展创业教育之初，选用的是营销实践指导书作为教材。随着创业教育的深入开展，2004年，我校建成了2000平方米的大学生创业园，开始“仿真”创业教育，并采用《大学生KAB创业基础》、SIYB系列教材和自编实践指导书。2007年，随着创业实践教育经验的积累，学校又推出了创新创业班，教材选用以校内自编创业实践教材为主，以《大学生KAB创业基础》、SIYB系列教材为辅。此书的编写融入了作者在学校多年创业教育探索和实践过程中的经验，遵循高职学生的创业特点，具有很强的实践性。

本教材按照“创业机会识别-项目运作-公司运作”序化内容体系，每章按照“理论与实例启发-制定方案-实践运作”的思路安排教学任务，这是在10年创业教育实践的基础上经教材编写者研究而成的。因此，本教材还被列为“浙江省重点教材建设项目”。主编丁继安老师、翁士增老师、李晓英老师从事创业教育研究和实践多年。整本教材在集体研究、分工写作中完成，总体编写思路由丁继安老师确定，主要分析工具由翁士增老师完成，基本创业教育实践由李晓英老师组织。考虑到学生创业教育要有较宽的视野，在注重创业实践的同时，教材也介绍了有关创业教学软件，便于学生有多种学习渠道。

在教材的编写过程中，也得到了相关专业老师、湖州市人力资源与社会保障局、部分企业家的大力支持，他们对本教材内容的安排、体例等提出了大量宝贵的意见，为增强教材的科学性、权威性、学术性做出了贡献，在此我们表示衷心的感谢。

由于能力水平有限，又是在全新的思路中编写本教材，一定有许多不成熟甚至是不正确的地方，恳请广大同仁、各界朋友和学生以各种方式向我们提出来，以便完善。教材编写过程中引用了一些学者的研究成果，未及逐项注明，特此说明，并致谢忱。

编　者

2011 年 2 月